El camino es la felicidad

El poder de vivir una vida con significado

Brais Marinho

BRAIS MARINHO

Índice

Agradecimientos

Estoy sumamente agradecido a tu niño interior, ya que, ha sido el que se ha permitido abrir este libro. Si lo tienes entre tus manos, es porque lo has escuchado. Gracias.

Historia personal

Mi nombre es Brais. He venido al mundo con un propósito, y es el de dejar el mundo mejor a cómo me lo encontré. Eso pasa por elevar la conciencia de las personas para que puedan ser más felices.

Ha sido un trayecto, largo o corto, no lo sé. Lo que si se a ciencia cierta es que ha sido perfecto a como debía ser. Brais de niño no se permitió ser un niño completo. Pasaron los años, y ese niño interior estaba dolido.

Eso ha hecho que durante toda mi vida haya ido viviendo la vida de otras personas. No me arrepiento de absolutamente nada, ni la más mínima situación. Ha sido perfecto como debería haber sido. Todas las personas que han pasado por mi vida han sido enriquecedoras para mi completa comprensión como persona.

Me queda mucha vida por vivir, y todo lo que venga va a ser también de puro aprendizaje. Me considero un eterno aprendiz. El crecimiento tanto personal como espiritual son mis pilares de vida. Con ello, puedo aportar algo mejor a la humanidad.

Brais ha sido entrenador durante más de seis años. En esta etapa lo ha dado todo, pero había llegado un momento en el cual dejó de disfrutar de esa profesión. Gracias a ella, conocí a personas increíbles, de las cuales tengo gran recuerdo, y, otras tantas, con las que sigo teniendo contacto.

Ha sido un proceso de continua evolución. Este descubrimiento, es el que me ha hecho recapacitar y descubrir mi verdadero para que de existencia. Ser autor y conferenciante, y, con ello, llegar con mi mensaje a miles y miles de personas.

He pasado por un proceso de sufrimiento continuo, por haber enfocado la felicidad en el exterior, en vez de lo realmente importante, el interior. Debido a ello, he decidido involucrarme con mi desarrollo personal y espiritual, para poder enfocar la vida con alegría, tener mayores recursos para afrontar y aprender de los momentos dolorosos y estar en equilibrio, física, mental y espiritualmente.

Con toda esta historia, de manera resumida, me he descrito como persona. No quiero alargarme más para que empieces con tu camino de despertar, de que alcances el significado de la vida y que puedas encontrar tu felicidad. Enhorabuena.

Prólogo

Luchamos cada uno de nosotros por alcanzar la felicidad. Día tras día intentando alcanzarla, y cada vez, parece estar más lejos. Lo intentas, pero no lo consigues de ninguna de las maneras.

La felicidad pasa por amar los detalles de todo lo que tienes en este preciso instante, no más. El presente es la definición de felicidad. Cuando olvidas tu pasado o dejas de pensar en el futuro, entras de lleno en tu estad completo de felicidad.

Nunca en la historia hemos tenido tantas comodidades y facilidades a la hora de vivir, sin embargo, somos la generación que más índice de depresión tenemos. Da igual quien seas, todos tenemos depresión.

Somos una sociedad que está enferma. Tu grado de depresión puede ser más o menos elevado, pero lo tienes. Siempre estás pensando en algo que no tienes, o preocupándote por algo que puede ser mejor. Esto, es sinónimo de depresión.

Únicamente la eliminas cuando empiezas a valorar el tiempo presente, que es lo único que posees y de lo único que dispones para poder ser feliz. Todo lo demás, sobra, y es lo que te aleja de la felicidad.

Con este libro pretendo que mejores tu bienestar, que te haga pensar en porque ahora mismo no eres completamente feliz. Sacarte, incluso, una sonrisa. Con esto, ya me conformaría, ya que, hemos olvidado sonreír, condición también necesaria para ser feliz.

No te creas nada de lo que está escrito en este libro, no soy tu maestro ni pretendo serlo. Somos iguales, y aquí tienes información valiosa de la que yo saqué gran partido para poder ser más feliz.

Si aplicas, no digo todos, pero algunos de los aprendizajes que puedas obtener de este libro, tu vida cambiará. No solamente lo digo yo, sino que me he basado en diversos autores que lo han llevado a cabo, en su vida y con sus participantes de retiros, clientes, amigos y diversas personas.

Son recursos, que a mí me han servido, y que puede que los estés aplicando ya, pero que igual no de esta manera, y por ello no ves el final del túnel. Simplemente, aplica lo que consideres necesario para poder mejorar tu bienestar, pero siempre desde una visión crítica.

Como te he dicho, no pretendo que te creas nada, pero si pretendo que seas más feliz.

Introducción

Esta parte del libro, desde mi punto de vista, es la más importante de todas, pues te permitirá saber el para qué de este libro, conocer al autor y familiarizarte con su forma de escribir.

Quizás eres como tantas personas que se salta esta parte, pero después de haber leído tantos libros de diferentes temas me ha quedado claro que, salvo que el autor se vaya por las ramas e introduzca información sin sentido, esta es una parte muy valiosa del contenido de un libro, ya que, como te comentaba antes, te pone en contexto de lo que te vas a encontrar.

Si has llegado a este segundo párrafo de la introducción, te doy mis más sinceras felicitaciones, porque cuando yo me inicié en la lectura esta era una de las partes que me saltaba, lo único que me interesaba era llegar a la parte principal del tema, es decir, ir directamente al primer capítulo del libro con un contenido real.

Pero, más tarde, me di cuenta de que la introducción es como la presentación antes de empezar a conocer realmente a una persona. En el caso de querer entablar una amistad con alguien, primero es necesario conocerse para ver si realmente la relación puede ir adelante, o si, por el contrario, no va a ir más allá de una mera presentación.

Primeramente, no creas nada de lo que está escrito en este libro, busca tu verdad, esta no tiene que ser la de cualquier otra persona. Absorbe toda la información que consideres útil y desecha aquella que no sea necesaria.

Con esta introducción pretendo eso, si algo de la portada o del título del libro te llamó la atención, entonces mi agradecimiento por ello es hacer una introducción que te apetezca leer.

Trato este libro como si fueses en un vuelo de avión. Lo que más cuesta es despegar, luego se mantiene estable durante todo el trayecto y, por último, llega el momento del aterrizaje, otra situación un tanto complicada del viaje.

Esto es lo que pasa en un avión y a quien lo comanda, las sensaciones que puede sentir el piloto del avión; que, en este caso, haciendo una extrapolación, sería yo; son muy variadas.

El despegue es la introducción, lo que más cuesta ya que no tienes ningún tema específico que puedas tocar *a posteriori* en los capítulos, de modo que puedes hablar de todo y de nada a la vez, pero al mismo tiempo no debes extenderte demasiado para que el lector, en este caso tú, te lleves un buen sabor de boca desde el principio.

Ahora, volviendo a la comparación con el vuelo, el pasajero, en este caso serías tú, el lector. Puede que te encante un libro y que puedas quedarte con pinceladas de lo hay dentro de él en cuanto a contenido, pero salvo que lo estudies o apliques lo que allí encuentres, se te olvidará en un tiempo. Lo que más vas a retener es la introducción, porque en ella te pongo en contexto de quién soy y qué te vas a encontrar en el contenido que hay dentro del libro.

Por último, está el aterrizaje, en este libro será la despedida e información para que puedas saber dónde puedes contactar conmigo directamente, si el libro te ha gustado y quieres saber más. La primera y la última parte son las más intensas, pues en gran medida te irás con la percepción de haber leído o no un buen libro por estos dos puntos.

Entonces, ahora que ya he explicado por qué es importante la introducción, te diré que a mí particularmente me gusta porque es como si estuviese tomando un café contigo ahora mismo, y voy a presentarme para que empieces a leer con ganas el primer capítulo.

Soy Brais Mariño, un individuo común como tú que me estás leyendo y la persona más importante de mi vida, al igual que tú lo eres de la tuya. Una vez que tienes esto claro, todo lo demás en tu vida fluye de manera sincrónica. Uno de los graves problemas que existen hoy en día es anteponer cualquier circunstancia al bienestar personal. Si tú estás mal, no podrás dar el cien por ciento de ti a nada ni a nadie, por más que lo intentes.

Sigo con mi presentación, si bien soy la persona más importante de mi vida, me involucro mucho en el bienestar de los demás, en el párrafo anterior te he dado una píldora de lo que puedes encontrar como contenido de este libro, y no ha sido tan pequeña ya que, si eres capaz de aplicar esa premisa y amarte de corazón por encima de todo, no tendrás excusas y seguirás leyendo.

Pero si, por el contrario, ya consideras que eres la persona más importante de tu vida y que no te vas a encontrar nada nuevo que no hayas leído antes, te sugiero que sigas leyendo desde el disfrute de saber que estamos en la misma onda y de ser consciente de que siempre debemos tener una mente abierta, no sabemos dónde podemos encontrar el siguiente aprendizaje.

Ahora sí voy a presentarme ampliamente. Soy Brais Mariño, una persona muy normal que ha decidido convertirse en autor para poder depositar una semilla que contribuya para que las personas puedan vivir una vida más plena y feliz, con mayor bienestar y dejando a un lado el sufrimiento, todo basado en mi propia experiencia, pues yo he pasado por ello.

Con esta contribución quiero que el mundo sea mejor de cómo lo encontré. Me encanta pensar que estoy saliendo de la caja de condicionamiento, que estoy teniendo pensamientos no tan comunes ni socialmente reconocidos y, de esa forma, hacer pensar a las personas, porque hay una infinidad de posibilidades de ver las cosas.

También quiero decirte que todo lo escrito en este libro lo he plasmado con él máximo amor posible, desde el corazón, para que, además de obtener algún aprendizaje con la lectura, la energía depositada en estas palabras mientras escribo llegue directamente a tu corazón y te llenes de alegría y positivismo.

No pretendo ser el gurú de nadie, simplemente me gusta ver cómo las personas, al hacer los cambios necesarios, mejoran su calidad de vida. No quiero que creas nada de lo que aquí está escrito, quiero que seas consciente de que hay mil maneras de ver las cosas, pero, de igual forma, el punto en el que estás atascado muy probablemente se debe a que estás encerrado en alguna de tus creencias.

Por eso, este libro está escrito con amor, es lo mejor que te puedo dar. El conocimiento, que lo hay a raudales por todos lados, no es lo que marca la diferencia, todo ocurre en función de lo que tú quieras creer.

Por eso te digo que no creas nada de nadie, tampoco de mí, porque el día de mañana puede que pienses de diferente manera y lo que hoy te sirve, mañana quizá no tanto y será de otra forma totalmente distinta. Disfruta la lectura absorbiendo lo que está escrito, pero siempre desde una perspectiva lógica y crítica, no estableciendo nada como un dogma. Puedes aplicar lo que aquí comparto y puede que te sirva, o no, pero al menos inténtalo para que no quede solamente como una mera lectura.

Si te he dicho que no creas nada es porque me gustaría que lo compruebes tú mismo, es tu responsabilidad. El hecho de que estés leyendo algo no significa que sea verdad o no, estará influenciado por tus creencias. Inténtalo, pruébalo en ti y si te sirve habrás mejorado la calidad de tu vida. Solamente con eso, indirectamente, me harás más feliz a mí, pues colaborar con tu bienestar habrá mejorado el mío al hacer una contribución al mundo.

Quiero que disfrutes de este libro como lo he hecho yo escribiéndolo, sabiendo que encontrarás información basada en datos científicos, y otra que tiene bases empíricas provenientes de diferentes autores que he leído y que son referentes a nivel mundial, los cuales, desde mi perspectiva, saben más que yo de los temas de los que hablan.

Yo he decidido aplicar algunos de estos conocimientos y lo que me ha servido es lo que he compartido en este libro, estoy seguro que a ti también te serán de ayuda para desarrollarte como persona.

Soy Brais Mariño, que por aplicar lo que he leído en lecturas espirituales he logrado tener este cuerpo, pero no soy nadie especial. Para profundizar en esto te propongo una lectura que debes hacer para poder entender el para qué de tu vida.

El libro al que me refiero es *El libro tibetano de la vida y de la muerte*. Para mí, su lectura fue un hito que ha marcado un antes y un después y que me ha abierto la mente de par en par. Con él pude comprender el para qué de las cosas y no engancharme en conflictos innecesarios, pero debes establecerte una premisa bien clara, la de tener una mente abierta para entender que hay infinidad de maneras de ver la vida, en función de lo que quieras creer.

Ahora mismo, estoy escribiendo estas líneas en la cocina de mi casa, teniendo como fiel espectador a mi hijo, Leo, de seis meses. He de reconocer que escribir un libro desde esta tesitura se torna en algo ilusionante, porque uno de los propósitos en mi vida es ser su mayor y mejor ejemplo, luego él ya decidirá lo que es mejor para su vida.

Pero, lo que sí tengo claro es que quiero hacerlo lo mejor que puedo y aplicando todo lo que sé. Leo representa mi mayor motivación en mi desarrollo personal y espiritual, en la búsqueda de elevar mi nivel de conciencia.

Si eres padre o madre entenderás que un hijo juega un papel prioritario en la vida. No debes descuidar tu ser interior por él, pero sí que tienes que tomarlo en cuenta como una pieza más del puzle que es tu vida, y que debes montar de la mejor manera posible para que encaje a la perfección con la vida que has estado creando hasta ahora. Es algo que suma, no debe restar.

Tampoco, como he comprobado, se trata de un factor limitante por el cual debes dejar tu vida completamente a un lado por cuidar a tu hijo, porque esto, a la larga, destruirá por completo tu salud física y emocional y a la vez no será el mejor de los ejemplos para él. Debes continuar con tu vida como lo que venías haciendo, sabiendo que ahora tienes una nueva pieza en el juego que debes introducir en el momento y el lugar oportunos, sin descuidar a tu ser.

Como te he dicho, si eres padre o madre entenderás que un hijo es algo prioritario en la vida, algo por lo que debes dar el cien por cien, de modo que es un compromiso intenso, pero a la vez muy gratificante y satisfactorio.

Cada vez soy más consciente de que un niño no viene al mundo porque se haya buscado, sino que se debe a que a un alma en concreto le tocaba iniciar una nueva vida en un cuerpo físico que se materializa en ese hijo o hija. Este, a su vez, al haber nacido, ya viene con un propósito que debe cumplir en esta vida.

Por ello, si eres padre y estás leyendo estas líneas quizás estás entrando en un estado de *shock*, pensando que al haberlo concebido con eso ya hiciste todo el trabajo y por eso llegó tu hijo o hija. Tal vez, fuiste uno de los afortunados al que todo le salió según lo previsto y en el primer intento obtuvo el premio, pero pudo haber sido al contrario y haberlo intentado innumerables veces hasta conseguirlo. Incluso puede que seas una persona que no ha tenido hijos, bien sea porque no ha querido o porque no ha podido, eso también está predestinado.

Si, por la razón que sea, estás viviendo esta vida física y entre tus propósitos planificados antes de venir a este mundo no está el de traer a otra alma a este mundo, entonces, por mucho que lo intentes, no lo conseguirás. Esto se determina bien si no quieres o no puedes hacerlo.

Si quieres profundizar más acerca de este tema, te vuelvo a recomendar *El libro tibetano de la vida y de la muerte*. Esto es simplemente una introducción, porque quiero que comprendas de entrada qué tipo de autor te vas a encontrar en este libro. Esta introducción, como te había dicho, es mi carta de presentación, para que decidas si quieres seguir tu camino, o si, por el contrario, decides quedarte aquí.

Si has llegado hasta este párrafo, eso dice mucho de ti, ya que, o bien quieres profundizar más en tu desarrollo personal para alcanzar tu bienestar, dar lo mejor de ti y que las personas que atraigas a tu vida estén en la misma sintonía, o eres de ese tipo de persona que se involucra en todo tipo de lectura con una mente abierta, sabiendo que hay infinidad de maneras de ver la vida y de creencias, y sabes de entrada cuáles te sirven y cuáles no. Si se trata de un motivo u otro, te doy mi más sincera felicitación.

Hace tiempo que me propuse ser autor y conferenciante para poder compartir mi mensaje con el mayor número de personas que estén dispuestas a recibirlo. Quiero, como bien te he dicho, dejar el mundo mucho mejor de lo que lo encontré.

Ahora mismo, soy entrenador personal y disfruto de esa labor, puesto que llevo el entrenamiento un pasito más allá y trato a las personas desde el plano físico, pero también emocional, para que, además de disfrutar de una sesión de entrenamiento, acaben siendo mejores personas.

Lo que pretendo al escribir es ayudar a cualquiera que quiera leer este libro a mejorar su calidad de vida. Con el entrenamiento personal esta actividad es más limitada, ya que en una hora puedo atender a una o dos personas, mientras que con un libro puedo llegar a más gente.

Es igual para un fisioterapeuta, psicólogo o cualquiera otra profesión en la que se atiende a la persona de manera individual. Es un gran recurso y muy necesario, pero mi propósito es poder compartir lo que tengo que decir con cualquier persona que quiera escucharme, y no verme limitado al número de personas al que les presto este servicio.

He de reconocer que, con este libro, o con cualquiera otro de los que he escrito, quiero depositar una semilla en ti que quizá no en este mismo momento, pero tal vez luego, acabe echando raíces y te haga progresar por el camino que tanto deseas.

A menudo pretendemos conseguir todo rápidamente, somos muy cortoplacistas, yo me incluyo, incluso a veces me pillo renunciando en algunas cosas. Sobrevaloramos lo que podemos conseguir a corto plazo e infravaloramos lo que podemos lograr con perseverancia en un periodo de tiempo más largo. Cualquier libro que leas deposita una semilla en ti que seguramente en un principio no puedas reconocer que te cambió la vida, pero en un futuro probablemente vivirás un momento en el que dirás «eureka» y verás fácilmente el motivo por el cual lo leíste.

Un libro no lo eliges tú a la hora de comprarlo para luego leerlo, o yendo más allá y que no se trate de que lo hayas comprado, sino que se lo pides prestado a otra persona, quiero decir que no hay casualidades y tú no eliges a los libros, sino que ellos te eligen a ti dependiendo del momento de tu vida en el que te encuentres.

Por ello, de algunos obtendrás aprendizajes en concreto, pero cuando lo vuelves a leer, más adelante, volverás a obtener otros totalmente diferentes, ya que no serás la misma persona, pero eso no sucede de un día para otro.

Seguramente te hayas encontrado con libros que eran muy recomendados, sin embargo, a ti no te llamaron para nada la atención. Eso puede deberse a dos motivos, el primero es porque puede que tuvieras expectativas muy altas en cuanto a lo que querías encontrar en él, y el segundo, relacionado con el párrafo anterior, quizá no era el momento para leer ese libro y forzaste su lectura por las diversas recomendaciones.

Uno de los motivos fundamentales de este libro es el de hacerte pensar fuera de una caja de condicionamientos y de lo que un ciudadano común podría pensar. Hay infinidad de cosas más allá de lo que puedes ver a través de los medios de comunicación y muchas de esas cosas e información está contenida en los libros.

Disfruto con cada letra que escribo de este libro, porque mi propósito número uno es depositar una semillita de alegría y dicha en este mundo a través de toda persona que quiera disfrutar de esta lectura, sin catalogarla de mejor o peor. El modo en que la califiques debe ser muy objetivo y dependerá del momento de tu vida en el que te encuentres. Yo me entrego cien por ciento con cada palabra que escribo, eso no lo pongo en duda. De ese modo, podrás absorber, al menos, el mayor de los recursos que tenemos: la energía.

Si este libro, después de leerlo, te aporta energía, significa que he hecho un buen trabajo y me alegro de ello. Ya que has llegado hasta aquí, te voy a confiar un secreto: si noto que no tengo la suficiente energía como para escribir, no me fuerzo a hacerlo, eso se transmitiría directamente a ti ya que mi nivel de energía no sería el adecuado. Hay un capítulo en el que hablo del esfuerzo y cómo esta merma tu calidad de vida.

En definitiva, y como bien dije al principio de esta introducción, esto es como el vuelo de un avión, aunque el despegue ha sido intenso, hemos salido ilesos. Espero que la hayas disfrutado al igual que yo lo he hecho escribiéndola.

El objetivo de este libro es que tú puedas mejorar tu calidad de vida y alcanzar el bienestar, pero para conseguirlo al cien por ciento es necesario que vacíes tu mochila de lo que has aprendido hasta ahora y no te ha servido, para que puedas meter todo lo que te haga falta para conseguir tu felicidad.

Gracias una vez más por haber llegado hasta aquí, disfruta de esta lectura y recibe un fuerte y cálido abrazo de corazón a corazón.

Además, antes de empezar, me gustaría poder ayudarte e inspirarte en tu proceso de crecimiento personal y espiritual. Como muestra de mi agradecimiento, quiero conocerte y ver en que puedo ayudarte para lograrlo.

Para ello, y por haber adquirido este libro, te regalo una mentoría conmigo. Si lo consideras necesario y aceptas este regalo, accede a través del siguiente código QR y escríbeme mentoría. Estaré encantado de escucharte.

https://t.me/Soytuentrenador

1

Felicidad, ¿Cómo alcanzarla?

«La felicidad se alcanza cuando, lo que uno piensa, lo que uno dice y lo que uno hace están en armonía».
Mahatma Gandhi

La felicidad es un cualidad que es inherente a nosotros por naturaleza, sin embargo, la vamos perdiendo según vamos evolucionando, o mejor dicho, involucionando.

Cuando somos bebés, somos un océano de felicidad, pero cuando venimos al mundo se empiezan a fraguar nuestros traumas, empezando por el proceso del parto, durante ese momento en el que nos separan abruptamente de nuestra madre.

En función de cómo haya sido tu nacimiento, podrás albergar una experiencia de vida u otra. Luego hablaré de la epigenética y en ese momento podrás entender de la mejor manera posible por qué los traumas de nacimiento se remontan a generaciones pasadas, pues se quedan almacenados en el inconsciente familiar, y si tus antecesores no los han curado, entonces será tu deber sanar esas heridas emocionales.

Es decir, vienes al mundo destinado a ser más o menos feliz, aunque tu travesía de vida sea hacer todo lo posible por alcanzar la felicidad. Claro está que si tienes unos hábitos de vida alineados con la felicidad será más sencillo que la consigas, pero puedes estar influenciado genéticamente a tener, por ejemplo, depresión, eso hará que tengas que esforzarte al máximo para poder mejorar tu calidad de vida, cuando a otra persona en tus mismas circunstancias quizá la alcanzaría más fácilmente.

Pero más allá de que vengas al mundo destinado a ser más o menos feliz, siempre lo puedes conseguir, no cabe duda. Habrá determinados hábitos que te acercarán a esa felicidad y otros que te alejarán. Pero volviendo a la frase que cuando somos bebés somos un océano de felicidad, esta se va perdiendo por culpa del ego, este creará capas para proteger tu identidad y no mostrarle al mundo quién eres realmente.

Venimos al mundo sin nada y nos vamos de él de la misma forma. El problema es que durante nuestra estancia aquí intentamos adornar nuestra personalidad para agradar a los demás, entonces compramos cosas que no son necesarias, olvidamos quienes somos realmente y nos alejamos de nuestra verdadera esencia.

El responsable de todo eso es el ego, él lo único que desea es aparentar y el principal problema con ello es que cuanto mayor sea el ego, menor será la felicidad.

Es algo natural, pues desde muy pequeño, más concretamente, durante tu infancia hasta los seis años, tu subconsciente absorbió todo sin valorar realmente qué te podía servir en un futuro, eso ha determinado en gran medida quién eres hoy en día y ha influido enormemente en tus creencias.

De ahí el hecho de que crees capas que esconden tu verdadera personalidad para no mostrarte tal cual eres realmente y que estés condicionado a actuar de una manera u otra para poder congraciarte con el resto. Este comportamiento se establece en esas edades debido a que empiezas queriendo contentar a mamá o a papá, y lo que te dijeron ellos es lo que realmente tenía validez para ti.

Como todo niño, asumiste que si les llevabas la contraria no te iban a querer, por eso es que ahora debes deshacerte de todas esas creencias que te han ido limitando durante toda tu vida hasta el día de hoy.

Quieres complacer a todas las personas, pues tu inconsciente los asume y los compara como si fueran tus padres. Entonces para poder congraciarte con el resto te vas olvidando de hacer feliz a la persona más importante de tu vida: tú.

Lo que has hecho ha sido esconderte detrás de máscaras que has creado para no mostrar a ese niño interior que llevas dentro y que es puro, pensando que, al hacerlo de esa manera, ibas a ser más feliz. Aquí el ego juega un papel muy importante, él lo que hace es montar una película para que te la creas y así poder contársela al mundo.

Este comportamiento te lleva a adquirir un nuevo auto, una nueva casa, o a iniciar unas vacaciones para aparentar ser quien no eres. Pero tu niño interior no necesita de esas trivialidades para ser feliz, él lo único que necesita es sentirse amado y esto lo consigues amándote a ti mismo.

Cuando eras niño no te importaba si tenías varios juguetes o ninguno, podías pasarte el día jugando con cualquier utensilio. No te interesaba mirarte al espejo, te amabas como realmente eras. A medida que has ido avanzando en tu travesía en este mundo, te has olvidado de quién eres realmente, de tu esencia, eso ha hecho que busques en el exterior algo que tienes en tu interior.

No es un trabajo sencillo, requiere de tiempo y perseverancia, pero cuando empiezas a escuchar a ese niño que llevas dentro, cuando comienzas a eliminar esas capas y corazas y a dejar tus creencias limitantes a un lado, es cuando podrás realmente empezar a ser feliz.

Una vez que estés en tu estado de ser, en tu verdadera esencia, será cuando verdaderamente podrás darles a los demás lo mejor de ti, sin tener que aparentar bien sea con tu cuerpo o con cosas materiales.

Las personas estarán contigo por ser quién eres, pero también otras tantas se alejarán de ti por la misma razón, pues te ubicarás en un estado de energía más elevado y eso provocará que resuenes con unas personas mientras que otras se quedarán en el camino.

Por ello, además de ser un trabajo que requiere de perseverancia, a la vez puede resultar un poco duro, porque tendrás la sensación de que pierdes personas a las que les tenías cariño, pero, llegado ese momento, para alcanzar tu verdadera felicidad, debes dejarlas ir. Todo cambio en busca de tu equilibrio y de tu bienestar interno para alcanzar la felicidad, puede generar un poco de desequilibrio a tu alrededor.

Lo que sí debes tener en cuenta es que, aunque se necesita perseverancia para poder llegar a alcanzar la felicidad, una vez que te encuentres en ese estado, te darás cuenta de que estaba presente allí para ti todo el tiempo y no eras consciente de él. Es algo enrevesado, pero en esta vida nada sucede por casualidad.

Cuando estás en tu estado del ser, tu verdadera esencia, empiezas a darle valor a las pequeñas cosas que suceden en tu vida y que hasta ese momento las habías pasado por alto. Te vuelves más agradecido, más amable contigo mismo y con los demás, no juzgas ni te comparas con nadie.

Esta felicidad nos es dada desde el nacimiento, pero como te comenté, debido al hecho de cargar con esas heridas del inconsciente familiar, con aquellas provocadas durante el parto, y por las creencias limitantes que has ido albergando desde tu niñez, has ido construyendo algo irreal, una personalidad que no es la tuya y que debes trabajar para volver a recuperar tu esencia, poder dar lo mejor de ti y, consecuentemente, ser más feliz.

Además, tu día a día no ayuda a que seas consciente de que debes mejorar ciertos aspectos para poder alcanzar tu estado de felicidad. El estrés generado por las obligaciones laborales, familiares y sociales, han hecho que descuides esa parte.

Es necesario, por ejemplo, en el caso del ámbito laboral, que trabajes para obtener una remuneración que te permita afrontar tus necesidades y las de los tuyos, pero quizá no deba ser en el área en la que lo estás haciendo ni el tiempo que le dedicas. El hecho de trabajar para alcanzar una meta económica hará que te alejes de tu verdadera esencia.

Está científicamente demostrado que ganar más allá de una cierta cantidad, de la cual hablo en el capítulo de propósito, no genera mayor felicidad. Es necesario tener cierta estabilidad económica para poder ser feliz y vivir dig- namente, pero se ha demostrado que personas que viven con lo mínimo son más felices que otras que son ricas.

Plantéate si lo que estás haciendo ahora mismo es nece- sario para vivir la vida que deseas, de lo contrario, te estás alejando de la felicidad y de tu bienestar. Una cantidad de estrés es necesaria para progresar y salir de la zona de con- fort, eso también está relacionado con mejorar en pro de la felicidad, pero un estrés continuado en el tiempo hará que escondas cada vez más a ese niño interior, ya que ese estrés lo extenderás a otros ámbitos de tu vida.

En cuanto al ámbito familiar, aunque pueda parecerte que los odias porque son diferentes a ti, o que los amas porque tienen creencias parecidas a las tuyas, debes tener presente que tanto en un caso como en el otro existen similitudes debido a que perteneces al mismo clan, pero probablemente en tu inconsciente habrá traumas familiares que deberás enmendar para mejorar y dejar algo mejor a las futuras generaciones.

Con esto quiero decir que cualquier familiar proyecta algo en ti que está almacenado en tu inconsciente, y si eso que estás viendo en la otra persona te molesta, entonces debes saber que está resonando contigo, ella o él simplemente están proyectando algo que debes mejorar en ti.

Por ejemplo, si tienes un familiar que es muy egoísta y su actitud te molesta porque tú eres una persona generosa que incluso da más de lo que deberías, quizá te está mostrando que en algún punto de tu vida deberías ser un poco egoísta, por ejemplo, probablemente no deberías estar tan pendiente de las demás personas y cuidar más de ti.

Esto suele pasar a menudo, nos centramos en velar por los demás olvidándonos de cuidar de nosotros mismos, eso a la larga tu cuerpo lo exterioriza de alguna manera.

No existe una polaridad que sea sana, continuando con el ejemplo anterior, si eres egoísta debes aprender a pensar más en los demás. Eso no quiere decir que debas pasar más tiempo con ellos o que deban recibir de ti abundantes regalos. A veces, con un simple abrazo y una sonrisa podemos obtener una gran recompensa. No debes forzar las situaciones, simplemente debes dejarte fluir en cada momento y verás grandísimos resultados.

Pero si no te apetece pasar demasiado tiempo con la familia por cualquier circunstancia, demuéstrales tu afecto de cualquier manera que te sea posible, así no solamente lo agradecerán ellos, sino que tu felicidad y bienestar se verán recompensados.

Esto se debe a que cuando demuestras cariño, elevas tu nivel de dopamina que es la hormona asociada a la felicidad. Pero quizá te estarás diciendo que no te apetece tener ninguna muestra de afecto con cierta persona de tu familia, entonces te aseguro que es con ella con la que más debes hacerlo, porque, como comenté antes, esa persona puede estar proyectando algo de lo que tú careces.

Vamos a poner el siguiente ejemplo: no toleras a tu padre por sus actitudes o porque en un pasado hizo algo con lo que no estuviste de acuerdo, y eso hizo que tu relación con él se deteriorase. Debes pensar que él lo está haciendo lo mejor que sabe y usando sus mejores recursos, pero si algo te parece mal, eso es únicamente tu responsabilidad, pues todo es neutral y eres tú quien le da cierto significado.

En este caso, tu padre te está mostrando que debes mejorar cierto aspecto de ti, quizás el que debes ser más tolerante, o menos egoísta... pero, en fin, debes tener en cuenta que cuando no te gusta algo de otra persona, en este caso de tu familia, eso dice más de ti que de la otra persona.

Volviendo al ejemplo con tu padre, en el caso de que te moleste algo de él, simplemente debes perdonar y hacer consciencia de lo que acabo de comentar, él lo hace lo mejor que puede y te está dando una oportunidad para que tú puedas mejorar.

El hecho de perdonar esa situación hará que tu relación evolucione, eso provocará que todo lo demás en tu vida también mejore. Parece exagerado decir que el hecho de perdonar a una persona pueda mejorar todo lo demás, pero sí, es así.

Además, en el caso de nuestros padres, cuando los perdonamos de verdad, debemos entender que desde el momento en que nos concibieron y nos aportaron su educación, lo hicieron lo mejor que sabían. Está claro que puede que haya cosas que pudieron salir mejor, pero simplemente por el hecho de haberte traído al mundo merecen ser amados por ti.

Una vez que eres capaz de dar el paso de perdonar de corazón a tus padres, le darás un giro radical a tu vida y con ello te acercarás más a la felicidad plena, pues soltarás un lastre que inconscientemente llevabas toda la vida cargando con él.

Eso te llevará a poder dar lo mejor de ti en diferentes ámbitos de tu vida, pues al no guardar ningún tipo de rencor hacia tus progenitores, no serás capaz de sentirlo hacia nadie más.

El resentimiento que pudieras sentir hacia una persona, bien sea por un conflicto que hayas tenido, porque criticó una decisión tuya, porque te critica a tus espaldas o por cualquier otra razón, no serás capaz de guardarlo, aceptarás a las personas tal y como son, y eso te llevará a un punto de mayor energía que se extenderá a todos los planos de tu vida.

Al hacer esto y dar el paso de perdonar, notarás que aparecen nuevas oportunidades en tu vida que nunca hubieras pensado que pudiesen aparecer.

Esto se debe simplemente a que te llenas de paz y acabas siendo un imán para las personas que te ofrecen bienestar, eso te ayudará a elevar el tuyo. No dudes que el lastre que llevas por no darte el permiso de perdonar, está influyendo en diferentes aspectos de tu vida, aunque no seas consciente de ello.

2

Todo es percepción

«Todo lo que escuchamos es una opinión, no un hecho. Todo lo que vemos es una perspectiva, no la verdad».
Marco Aurelio

La felicidad es algo innato en nosotros, pero no somos capaces de valorarla a menos que hayamos pasado por un estado de dolor y sufrimiento. A veces, es necesario pasar por esos momentos de sufrimiento para poder valorarla realmente.

Hay personas que son capaces de hacerlo sin haber pasado por el dolor, pero lo más lógico y natural es que para poder valorarla realmente tengamos que pasar por momentos complicados, de sufrimiento y estrés.

Además, todo es cuestión de percepción de la realidad. El concepto de felicidad para una persona que lo tiene todo materialmente no es el mismo que para una persona que le cuesta rendir sus recursos hasta fin de mes, no es lo mismo la felicidad para una persona de Occidente que para una persona de Oriente.

Se dice que las personas que han estado en un momento cercano a la muerte, experimentan un despertar y a partir de ese allí tienen otra perspectiva de la vida, se vuelven más luminosos y valoran mucho más los pequeños detalles.

Para poder valorar verdaderamente la felicidad, debemos entender que sólo disponemos de una vida material, corta y efímera, y que, si no disfrutamos de todo lo que tenemos en este momento presente, no podremos disfrutar de él en las mismas condiciones que están presentes en este preciso instante.

El problema es que nuestro ego nos juega muy malas pasadas en cuanto a percibir lo que es realmente la felicidad. Siempre hace comparaciones desventajosas para nosotros, entonces nuestra percepción será errónea, pues con ellas siempre tendemos a perder. Además, no es lo mismo lo que tú puedes percibir como felicidad a cómo puede catalogarla otra persona.

Este es un juego en el que manejas una felicidad ficticia, ya que tú has venido al mundo con un propósito determinado y si intentas realizar el de otra persona, nunca acabarás alcanzando la felicidad. En cuanto a las comparaciones que hace el ego, él nos pone a perder por simple supervivencia, para protegernos y evitar que suframos. Cuando dejas tu ego a un lado, empiezas a valorar la vida realmente, valorando los pequeños detalles que son los que realmente nos hacen felices.

La comparación que obtienes del ego es una simple percepción basada en tus creencias, de modo que, para poder llegar a tener otra, debemos desmontarlas y empezar a tener una mente más abierta.

Es muy fácil tener una visión errónea de la realidad y de la felicidad ya que continuamente estamos siendo bombardeados con un ideal de felicidad moralmente establecido por la sociedad: tener una casa, vivir en pareja y casados, tener hijos, un buen trabajo y estar bien remunerados. Pero este puede que no sea tu ideal de felicidad y que haga que persigas una felicidad irreal para ti, de modo que nunca llegarás a sentirte completo, pues tienes creencias erróneas y una perspectiva mal enfocada.

Como te decía, el ego juega malas pasadas y es necesario ganarle la partida para tener nuestra propia perspectiva de la realidad y alcanzar la felicidad. No te compares, ese es un juego en el que perderás de todas las formas. Pero un gran recurso sería el utilizar la comparación positiva y hacerlo con aquellas personas que no tienen los mismos recursos que tienes tú, para que puedas valorar aquello de lo que dispones.

Una percepción de la felicidad pudiera ser estar leyendo este libro tumbado en un sofá sin nada más que hacer. O estar haciéndolo en el campo o en el bosque contemplando el cielo. Si te comparas con personas que no lo pueden hacer simplemente porque están pasando por la peor etapa de sus vidas, bien sea porque están en una guerra, o internados o ingresados en un hospital, por ejemplo, esa sería una comparación para ganar, ya que valorarás el hecho de que tú sí puedes hacerlo.

En cambio, el compararte para perder es aquella situación en la que percibes la realidad no teniendo algo que supuestamente deseas. Por ejemplo, miras a tu vecino que tiene una casa más grande y un auto más lujoso y tú deseas lo mismo para poder ser feliz.

Todo es cuestión de perspectiva, pues quizá cuando lo tengas puede que seas más infeliz de lo que eres ahora. En este momento lo que debes agradecer es el hecho de disponer de una vivienda en la que puedes vivir y salvaguardarte en caso de que haya un temporal. Puede que tu vecino tenga cosas materiales, pero tú no sabes qué ha tenido que hacer él para poder llegar ahí, e incluso no sabes si internamente es feliz.

No debes entrar en el juego de la comparación del ego, ya que te proporcionará una percepción ficticia de la realidad enfocada en el mundo exterior, olvidando por completo tu mundo interno que, en definitiva, es a partir de allí donde podrás alcanzar realmente la verdadera felicidad y tener una percepción franca de la realidad.

Otra cosa que deberíamos hacer es aprender a valorar en nuestra vida que el momento presente no vuelve y que disponemos de una vida material muy corta como para estar perdiendo el tiempo que nos queda haciendo percepciones erróneas y desperdiciando aquello de lo que disponemos.

Ten en cuenta que hay personas que nos vuelven a despertar después de dormir.

La percepción que puedas tener de cualquier realidad es individual y en ocasiones no deberías quedarte con ella hasta el final. Cuando valoras que existen diferentes percepciones de la misma situación que tú catalogas como tu realidad, es cuando de verdad avanzas en la vida, convirtiéndote en una persona más completa y feliz, no te enfrentas a nadie, aunque puedan ver y percibir una realidad diferente a la tuya.

Toda percepción que se tiene de la vida se hace en función de nuestras creencias, ello puede limitarnos a la hora de disfrutar del día a día y a sufrir innecesariamente, algo que no pasaría si fuésemos más conscientes de que hay diferentes maneras de percibir la realidad.

Te voy a poner un ejemplo para que puedas interiorizar hasta qué punto una percepción errónea de la realidad puede ser nefasta y acabar en sufrimiento o valorar que puede haber otras diferentes con las que puedes ver la vida de otra manera y ser más feliz.

Bien, vamos con el ejemplo: a una persona trabajadora la despiden, en este caso lo han hecho porque había que hacer una reducción de personal para reajustar los gastos de la compañía y le ha tocado a esa persona porque era la que a la empresa económicamente le convenía más despedir.

Pero él o ella empieza a percibir la realidad en función de sus creencias de modo que deduce que no es suficiente para el trabajo y por eso la han despedido, eso la llevará a tener desconfianza en sí misma en el siguiente empleo que consiga. También puede que se haya hecho la percepción de que no puede confiar en los empresarios porque a la mínima oportunidad te echan a la calle.

Esta percepción hará que, en un futuro, cuando esté en otro empleo, desconfíe de su jefe. Pero puede tener otra percepción: era totalmente válido para el puesto y merecía permanecer en la empresa más que otras personas, eso provocará que esté a la defensiva con las demás personas.

O puede, como la mejor de las opciones, percibir la realidad tal y como es. La han despedido, pero confía realmente en el motivo que le han dado y cataloga la situación como una oportunidad para seguir progresando y aprendiendo.

De todos modos, es la realidad que le ha tocado vivir para poder salir de esa empresa, que si no estaba pasando por buenos momentos financieros podía cerrar más adelante. El percibir la realidad tal y como es sin suponer nada más, hará que aproveche la oportunidad para crecer.

Puede que ahora se involucre en proyectos que tenía apartados por su trabajo, pues no le quedaba tiempo suficiente para poder llevarlos a cabo, para poder estar más tiempo con sus familiares y amigos o simplemente para tomarse un descanso, muy necesario para el bienestar.

Puede haber infinitas posibilidades de percibir una misma realidad, todas las que nos queramos inventar. Están las percepciones empoderadoras que nos hacen progresar aprovechando la ocasión para ver más allá y avanzar, y están las limitantes que nos hacen ver una realidad caótica que nos lleva a hacer suposiciones erróneas y a sufrir innecesariamente.

En el caso anterior de la persona que ha sido despedida, el mero hecho de estar ante esa circunstancia de verse sin trabajo, la hará sentirse afligida y es natural, pero es lo justo y necesario para que pueda avanzar. Es más, es apropiado para que pueda valorar la alegría y la felicidad posterior. Si no existiese el dolor no seríamos capaces de catalogar y valorar la alegría y el bienestar, porque una no puede existir sin la otra. Simplemente debemos percibir el sufrimiento y el dolor como algo natural de la vida.

El principal problema de estas percepciones es que reaccionamos siempre de la misma manera ante situaciones similares. Cuando sufrimos, por diferentes circunstancias, debemos verlo como oportunidades que nos da la vida para que podamos aprender y mejorar. Si te quedas anclado en las mismas percepciones una y otra vez, sufrirás de nuevo innecesariamente y más de la cuenta, preguntándote por qué te pasa eso a ti.

Si eres una persona de nivel dos y esa situación se te presenta y la sabes aprovechar, eso hará que subas a un nivel cinco, y cuando vuelvas a toparte con situaciones similares de un segundo nivel, tus percepciones serán diferentes, entonces lo que antes te parecía un agente estresante ahora, al estar en un nivel superior, reconoces que aquella situación anterior simplemente apareció en el momento oportuno para que pudieras avanzar.

Sin embargo, si te quedas anclado siempre en el mismo nivel, tus recursos van a ser muy limitados a la hora de percibir la realidad, eso te conducirá a la frustración una y otra vez.

Debes darle otro enfoque a tu vida y tener claro que se pueden tener diferentes percepciones de una misma situación, para poder escoger aquella que mejor te convenga y de la que puedas obtener un mayor beneficio para poder progresar.

3

Felicidad interior o exterior, ¿En dónde debemos enfocarnos?

«La felicidad es interior, no exterior; por lo tanto, no depende de lo que tenemos, sino de lo que somos».
Henry Van Dyke

Es bastante común enfocarnos en el exterior en búsqueda de la felicidad, en lo que nos rodea. Lo hacemos para relacionarnos, bien sea amistosamente o en nuestras relaciones de pareja, a nivel laboral y económico y a nivel cultural.

Esto es algo que no puedes controlar, y a menudo se establecen expectativas demasiado elevadas, eso conducirá a estar continuamente triste porque las cosas no siempre son como realmente esperas que sean.

Debes tener en cuenta que las circunstancias externas casi siempre son incontrolables y lo único que puedes hacer es aceptarlas tal cual son, son lo mejor que pueden ser, aunque en ese preciso instante no las valores como tal.

Puede que tengas un conflicto con un amigo o con tu pareja, y que no seas capaz de arreglarlo, quizás eso esté sucediendo porque tus expectativas con respecto a esa relación son muy altas, tal vez tienes demasiado apego o estás suponiendo que las cosas deben de ser como tú lo crees. Te repito, no existe mejor manera que como te están sucediendo las cosas ahora mismo, ocurren así para que puedas progresar y obtener un aprendizaje de ellas.

Lo único que está bajo tu control eres tú mismo, y responsabilizarte por ello es lo que marcará la diferencia en tu realidad exterior. Yo me repito un mantra todas las mañanas que dice lo siguiente: «Toda la fuerza y el poder del mundo están en mi interior», o «mi mundo interior crea mi mundo exterior».

Esto llevo haciéndolo ya un tiempo, todas las mañanas, y se cumple a rajatabla. Si un día me levanto más feliz y contento, parece que todo el mundo es más agradable y sonriente, en cambio, cuando amanezco más apagado y no tengo ganas de hacer nada, entonces el mundo refleja todo aquello que está pasando en mi interior.

El poder de los mantras o afirmaciones positivas, como prefieras denominarlas, es indudable. Tu mente cree todo aquello que afirmas con emoción. De nada valdrá que digas una frase sin más y sin sentirla. Lo tengo claro, hay días que no sale todo como espero, pero por lo menos soy consciente de que toda situación externa se debe a mi estado interno. Esto es algo que debes escribir en una hoja.

Nada externo sucede porque sí, para hacerte la vida más difícil. Simplemente refleja tu estado interior, es decir, aspectos que debes mejorar, pues así obtendrás diferentes aprendizajes.

El problema está cuando no eres consciente de ello y piensas que todo lo que te rodea está en tu contra. En esos momentos es cuando debes hacerte consciente y darte cuenta de que el universo te está queriendo decir algo, que no es otra cosa que la de que debes cambiar para ver las circunstancias que te rodean desde otra perspectiva, pues tu mundo exterior lo has creado exclusivamente tú. Aquello en lo que te enfocas más se expande. Como dice mi mentor, debemos cambiar las gafas de mosca que solamente ven la mierda, por las de abeja que ven sólo flores.

Por ello, lo primordial en la consecución de tu felicidad es que entiendas que es necesario que trabajes en ti mismo, así podrás ver el mundo con otros ojos y podrás darle lo mejor de ti a las personas que te rodean.

Para poder conseguir tu felicidad interior, debes vivir la vida que deseas, ser tú mismo, disfrutar todo aquello que hagas y amar desde el corazón, amarte a ti y a los demás. Pero para poder amar a los demás es importantísimo primero empezar por ti primero, si no te amas a ti, que es la única persona con la que estás todo el día, nunca podrás dar el máximo amor a los demás.

Debes tener en cuenta que tu estadía en la tierra es corta, por lo tanto, debe ser lo más agradable posible, para no llegar a tu lecho de muerte arrepintiéndote por aquello que querías ser, hacer y tener y no lo hiciste por descuidar de ti y no buscar tu felicidad.

Quizás estés pensando que existen personas que piensan más en los demás que en ellas mismas y son muy felices, te doy la razón. Un caso particular que me viene a la mente es María Teresa de Calcuta, ella se desvivía por servirle a su pueblo y a los necesitados, daba lo mejor de sí, sin duda.

Pero, podía hacerlo porque su mundo interno estaba en paz y sin conflictos, ella se amaba a sí misma, por eso pudo dar lo mejor de sí al resto. Cuando las personas se dan de corazón a los demás y reflejan su paz mental con una sonrisa en la cara, es porque su amor propio está bien afianzado. Pero por amor propio no me refiero a construir un cuerpo de escándalo, no, eso sería empezar la casa por el tejado. Me refiero a tener suficiente autoestima, desde tu interior y sin que te preocupe todo lo demás.

Debes hacerte cargo de ti mismo, así toda tu situación actual cambiará para mejor, no tengas la menor duda. Para poder hacerte cargo de ti mismo y responsabilizarte de todo lo que te sucede, puedes empezar con rutinas diarias que te ayuden a afrontarlo de la mejor manera posible.

Voy a darte un ejemplo compartiendo mi rutina diaria, una que me lleva a hacerme cargo de mí mismo y ver el mundo que me rodea de manera positiva. No quiero decir que debas hacerlo igual, pero al menos inténtalo, pues esto lo he aprendido de diferentes personas que son felices y exitosas. No lo hago como ellos, pero sí aplico todo aquello que es necesario para progresar. Tú debes adaptarlo a tu estilo de vida.

En mi rutina diaria me levanto a las cinco de la mañana, seguramente estés pensando que eso no lo harás ya que te cuesta mucho levantarte a esa hora, yo también creía lo mismo hasta que lo implementé. A esa hora todo está en calma y puedes hacer tu trabajo interior sin que nada ni nadie te moleste.

Además, cuando te levantas por un motivo en concreto que te hace feliz, la sensación es de estar repleto de energía, incluso si no duermes tanto como quisieras. Como te digo, no tienes que hacerlo, simplemente te sugiero que te des una oportunidad y valores si es para ti. Quizá para ti no es necesario que sea a las cinco y puedas hacerlo a las seis, lo importante es la rutina, no el horario.

Después de levantarme me doy una ducha de agua fría para reforzar el sistema inmunológico, también está evidenciado científicamente que un contraste entre agua caliente y fría, con determinados tiempos, refuerza el sistema inmunológico. Esta es una de las cosas que implementé después de haber leído que diferentes autores lo aplicaban, pero como te digo, según diferentes revisiones científicas, obtendría los mismos resultados si no es exclusivamente fría. De vez en cuando, darte un baño de agua fría te vendrá bien, pero no es necesario que lo implementes como un hábito diario.

Después de esa ducha, hago algo que a mí me ha cambiado la forma en la que veo el mundo, eso se debe, como te mencionaba antes, a haber cambiado en mi interior.

Me refiero a la meditación, esta marcará un antes y un después en tu vida. Es interesante ver que cada vez son más los adeptos a este tipo de práctica, incluso en terapias psicológicas lo están utilizando como recurso fundamental.

Esto, más allá de calmar la mente y estar más tranquilos, nos ayuda a conectar con nuestra esencia, ya que escuchas al niño interior que llevas dentro. Cuando estás en meditación, es inevitable que los pensamientos aparezcan, ya que la función de la mente es pensar.

Lo interesante de la meditación, cuando lo haces como rutina, es que te saca de pensamientos desagradables y te ayuda a tener pensamientos enriquecedores y de sabiduría. Empiezas a ver cosas que no veías antes, incluso aparecen oportunidades que te llenan de asombro, por el hecho de que puedan estar presentándose.

La meditación genera esa paz interior que tanto anhelas. También he de decirte, que recomiendo hacerlas guiadas, y si puedes hacerla en grupo, mejor, sobre todo al principio, ya que se te hará mucho más llevadero.

La meditación hace que te escuches realmente y que fortalezcas tu ser interior. En el momento en que meditas no te preocupa nada más que el estar presente en ese momento, eso hará que posteriormente puedas trasladar esa paz a circunstancias cotidianas. Además, te permitirá ver tu mundo externo de diferente manera.

La desventaja de esto, es que cuando intentas conseguir equilibrio en tu interior, tiendes a generar un desequilibrio en tu exterior, eso hará que personas o circunstancias que existen actualmente en tu vida desaparezcan o que cambien su manera de ser. No es por ellos, se debe a ti y tu trabajo interno.

Más adelante tocaremos más profundamente el tema de la meditación, ahora simplemente quiero que la tengas en cuenta y sepas que es algo que practico en mi día a día para mantenerme en mi centro y continuar con mi desarrollo personal.

Lo que te comenté de hacerlo en grupo o guiado, es para facilitarte las cosas, pues si lo haces en solitario y enfocándote solamente en la respiración, probablemente se te convierta en una actividad eterna, y te abordarán pensamientos de que no deberías estar haciendo eso porque es tiempo perdido.

En mi caso, empecé con meditaciones guiadas de diez minutos, y ahora he aumentado a sesenta minutos diarios, la mayoría de los días, y sin ninguna guía.

Después de la meditación escribo, al menos, tres cosas por las cuales me siento agradecido. A veces agradezco el simple hecho de respirar o de haberme despertado, hay personas que no llegan a hacerlo. El hecho de incorporar agradecimientos en tu día a día también marcará un antes y después en tu vida, pues serás más agradecido con las personas y las circunstancias que te rodean y las personas también serán más agradecidas contigo. Aquello en lo que te enfocas se expande.

Después de agradecer camino alrededor de una hora. Aprovecho este tiempo para leer, es algo que me va bien, pues retengo y me entero más de la lectura que cuando estoy sentado. Así lo hago yo, pero tú puedes leer por un lado y caminar por otro, dedicando media hora a cada actividad, por ejemplo. O puedes aprovechar el tiempo de caminar para escuchar un *podcast* o un audiolibro, eso también es muy interesante.

Una vez que acabo de caminar, entreno. Esto lo hago actualmente por salud, practicando ejercicios de fuerza. Anteriormente estaba enfocado en lo externo y lo hacía solamente para mejorar mi apariencia física, algo erróneo, pues eso hacía que me estableciera expectativas demasiado elevadas, con lo cual me generaba sufrimiento. Ahora, me gusta lucir bien externamente, pero siempre procuro estar enfocado desde un ámbito de salud.

Aquí acaba mi rutina matutina. Expuse mi ejemplo para que fueses consciente de cómo lo hago yo, pero mientras incorporas estos hábitos en tu día a día, no tienes por qué hacerlo de la misma manera ni seguir el mismo horario. Simplemente te pongo en contexto de lo que significa para mí y para otras muchas personas que he leído, son hábitos fundamentales para desarrollar dicha plena y felicidad interior.

Lo que quiero decirte con todo esto es que, para poder mejorar tu felicidad, esta debe estar construida en cimientos sólidos, y estos hábitos te ayudarán a crear esos pilares fundamentales para lograrlo. No se trata tampoco de que te excedas, simplemente incorpóralos en tu día a día y adáptalos a tus circunstancias personales.

Debes tener en cuenta y tener claro que tu realidad externa es un fiel reflejo de tu mundo interior. Si actualmente existen circunstancias que no te hacen feliz, responsabilízate del hecho de haberlas creado y ponles remedio desde tu interior, no calificándola como algo ajeno a ti que solamente tiene que ver con el otro.

Cada vez que en tu vida aparece una situación compleja a la que no le encuentras sentido y te hace sufrir, recuerda que hay algo en ti que debes mejorar. Además, como bien decía Buda, el dolor es inevitable, y el sufrimiento una opción. Esta frase expresa muy bien lo que estoy explicando. Todo lo que catalogas como sufrimiento es una circunstancia que solamente depende de ti, se basa en el sentido y significado que le otorgues a esa circunstancia.

Pongamos un ejemplo para que quede más claro. Supongamos que muere una persona cercana a ti, el dolor es inevitable, ya que cualquier pérdida, si hay sentimientos de por medio, es dolorosa. Pero el que esa experiencia te lleve al sufrimiento dependerá del apego que hayas tenido hacia esa persona, este es la diferencia entre el dolor y el sufrimiento.

Esto aplica a cualquier tipo de pérdida, como el que se acabe tu relación de pareja o que te hayan despedido del trabajo. Cualquier situación de tu vida puede ser dolorosa, pero si te enfocas sólo en lo externo por el apego, acabas sufriendo sin necesidad.

Esta separación entre el dolor y el sufrimiento la consigues al ser más consciente de las circunstancias. Para lograrlo debes, primera y primordialmente, trabajar en ti y en tu desarrollo personal. De esa forma podrás llegar a un estado de aceptación de las situaciones y las circunstancias que se te presentan en tu vida, no evitando el dolor, sino afrontándolo para que no te conduzcan al sufrimiento.

Tu felicidad depende exclusivamente de ti. No depende de tus circunstancias externas. Una vez que logras permanecer en tu centro, siendo consciente de tu poder interior ilimitado, todo lo que te rodea, más allá de generarte dolor, lo verás como experiencias para obtener aprendizajes.

Luego, pasado un tiempo, mirarás en retrospectiva y observarás que todo pasó por un motivo en concreto. Pero puedes llegar a ese punto en el momento en el que lo veas con aceptación, no con resistencia, así podrás obtener el aprendizaje de ello.

Como todo, es sencillo decirlo, aunque no tanto aplicarlo. Pero esto es como cualquier cosa que quieras mejorar en tu vida, por ejemplo, si quieres mejorar tu apariencia física, mirarás cuerpos esculturales en revistas, te compararás con ellos y dirás que eso es imposible. No lo es, simplemente ahora no estás en un punto de poder igualarte a ellos.

El problema es que siempre tendemos a compararnos con el paso último a alcanzar, en vez de hacerlo con personas que han iniciado el mismo camino recientemente.

Bueno, con tu desarrollo personal sucede absolutamente lo mismo. Observas personas que tienen una alta autoestima y que nada de lo que les rodea les importa, pero no se trata de eso, simplemente han evolucionado de tal manera que no permiten que esas cosas los hagan pasar por un estado de sufrimiento.

Por ello, cualquier meta que te propongas debes empezarla paso a paso, como la rutina diaria que te he puesto a modo de ejemplo. No es necesario que lo hagas del mismo modo ni en los mismos tiempos, pero si es imprescindible que la adaptes a tus circunstancias de vida actuales.

Quizá veas ahora mi rutina matutina como el ejemplo anterior de cuerpos esculturales, tal vez te parezca inviable para ti e incluso que te genere rechazo al pensar que tienes que llegar allí para poder desarrollarte como persona, pero, te digo, yo estuve en el mismo punto en el que te encuentras tú ahora, simplemente empecé aplicándola con menos tiempo y en diferentes horarios, sin embargo, mi decisión lo cambió todo.

Debes tener en cuenta que por mucho que lo desees, eso no cambia nada, sólo lo lograrás poniéndote manos a la obra y accionando con los recursos que tienes actualmente. Como dice Jim Rohn, todos debemos sufrir una de dos cosas: el dolor de la disciplina o el del arrepentimiento, en tus manos está cuál elegirás.

Por lo tanto, si quieres cambiar algo en tu vida y alcanzar el bienestar y la felicidad, tendrás que empezar en algún momento a accionar. No sirve solamente hacer propósitos, debes accionar. Si no te gusta lo que ves actualmente en tu vida, lo único que puedes hacer es trabajar en ti mismo.

Recuerda que tu exterior es un fiel reflejo de tu interior, eso hace que atraigas a tu vida personas y circunstancias que se equiparan con tu nivel de energía y la expansión de conciencia que tienes actualmente.

Un ejemplo típico para explicar esto es el de la persona que no está contenta con su trabajo y lo único que hace es quejarse.

El trabajo es un fiel reflejo de su vida, está allí para que pueda evolucionar y aprender de él. Si hace consciencia de ello, esa persona puede empezar a trabajar en su desarrollo personal y eso se evidenciará en el exterior, empezará a ver su trabajo con diferentes ojos y eso hará que lo traten de manera diferente, o simplemente dará el paso para cambiarlo por otro, pues se dará cuenta de que ha llegado a un punto en el que ese trabajo no le aporta nada a su vida salvo un sustento económico.

Pero está bien referenciado que no es necesario ganar mucho para ser más feliz, de modo que quizás esa persona acabe dejando ese trabajo por otro en el que gane menos, pero en el que se sienta más realizada, eso la puede conducir hacia el encuentro de nuevas oportunidades en su vida.

Siguiendo con el ejemplo anterior, si te has identificado con él, felicidades porque te estoy dando pequeñas pinceladas para saber qué camino puedes tomar. En nuestro trabajo exteriorizamos lo que pasa en nuestra vida personal, sobre todo en el núcleo familiar.

Si estás pasando por una mala etapa a nivel sentimental, es necesario que mejores esa situación primero, pues esta se proyectará en tu trabajo. Eso hace que veas a tus compañeros con desgano, que odies a tu jefe o pienses que mereces un mayor salario, simplemente son pensamientos que reflejan lo que está pasando en tu casa. El trabajo nunca es un problema, es una proyección de lo que está pasando en tu vida.

Para poder mejorar la situación lo que debes hacer, y que vengo recalcando en este capítulo, es decidir ponerte manos a la obra y tomar acción para emprender el camino hacia tu desarrollo personal y espiritual, es decir, crecer interiormente.

Una vez que consigues eso, tu vida familiar cambia, y no tiene por qué hacerlo hacia algo que esperas o de la forma que lo querías, simplemente pasa a ser diferente y lo verás reflejado en diferentes aspectos de tu vida, como en el trabajo. Verás que no había un problema como tal, sino que todo era un reflejo de tu estado interior.

Cuando decidimos basar nuestro estado de bienestar y felicidad en cosas externas, lo que hacemos es fabricar una continua desdicha, pues estas, por lo general, no son como las queremos. Lo único que puedes controlar es tu interior, pero con ello todo lo que te rodea cambia. Tú eres el dueño y señor de tu vida, y todas las decisiones que tomes desde tu interior se reflejarán en el exterior.

54

4

Apego, el enemigo número uno de la felicidad

«Del apego surge el sufrimiento; del apego surge el miedo. Para aquel que está libre de apego ni hay dolor ni mucho menos miedo».
Siddhartha Gautama Buda

Este uno de los mayores mercaderes de sufrimiento, el cual nos aleja de la felicidad. El apego está con nosotros desde muy pequeños, desde muy temprana edad, por naturaleza y supervivencia.

El apego empieza con nuestra necesidad de cuidado por parte de nuestros padres para poder sobrevivir y mantener la especie. Esta es una de las principales misiones del ser humano: sobrevivir para preservar la especie.

Pues bien, el problema está en que a medida que nos vamos haciendo adultos sin haber evolucionado conscientemente, ese apego necesario va quedando reflejado en nuestro subconsciente. Si no somos capaces de manejarlo en la adultez siendo desapegados de las circunstancias, sufriremos en demasía e innecesariamente.

Mientras somos bebés y niños, ese apego es necesario y saludable para desarrollarnos íntegramente y evitar cualquier tipo de peligro. Pero cuando somos adultos y ya no es tan necesaria la figura de los padres como cuidadores, entonces lo trasladamos a diferentes ámbitos de nuestra vida con la misma similitud, desde la necesidad de tener ese apego.

Por ejemplo, si tienes miedo a que tu pareja te deje, quizás eso se deba a que estás proyectando esa necesidad como la que sentías con tus padres cuando eras un niño. Piensas que, si te abandonan qué va a ser de ti, que no podrás salir adelante si no tienes sus cuidados y su sustento. La diferencia es que ahora eres adulto y ya no es necesario que otra persona esté ahí para que puedas ser feliz y seguir viviendo.

Pero esto es más complejo y habría que realizar constelaciones para saber por qué estás actuando de tal o cual manera, puede que tu abuela haya tenido cierta experiencia de vida y ahora te toque a ti modificarla para sanarla. Pero hablar de ello no es el objetivo de este libro, si quieres saber más sobre eso, te recomiendo el libro *El buen amor en la pareja*, de Joan Garriga.

De modo que, ese apego instaurado desde muy pequeños y no trascendido en la edad adulta por no hacernos conscientes de las cosas que están en nuestro inconsciente, hará que lo proyectemos y se materialice en cualquier situación cotidiana de nuestra vida, y no solamente en las relaciones de pareja, como en el caso anterior.

Por ejemplo, pudiera pasarte con este libro. Imagínate que le has tomado cariño porque te encanta (me alegraría saber que así es), pero un día determinado lo guardas y no recuerdas dónde. Bueno, si ese cariño lo sientes con apego, hará que sufras más de lo debido.

Este es un ejemplo muy básico que, como ves, nada tiene que ver con relaciones. Entonces te pondrás a pensar dónde lo habrás metido, que te había costado X cantidad de dinero o sientes pena porque no lo podrás volver a leer.

Cuando, desde otra perspectiva, viéndolo despegadamente, te dolerá porque lo estabas leyendo y lo has perdido, pero tus pensamientos serán de poder, del estilo de: «compraré otro y si aparece se lo regalaré a otra persona a quién ame» o que quizá no era el momento de leerlo porque debes hacer otras cosas.

De modo que, en cualquier circunstancia de la vida, por insignificante que sea, cuando nos apegamos a ella, acabamos sufriendo innecesariamente.

Es un mal muy común sentir apego hacia las cosas, cualesquiera que sean, eso nos aleja cada vez más de la felicidad.

Nos pasa con la ropa, por ejemplo. Seguramente utilizas el veinte por ciento de lo que hay en tu armario y el otro ochenta, la mayoría, ni siquiera sabes que está ahí.

Entonces, un día, haciendo limpieza, te das cuenta de que tenías prendas incluso sin usar. Pero como sientes apego hacia ellas no se te pasa por la cabeza donarlas o realizar algo más drástico: tirarlas. El desprenderte de esas prendas te da la sensación de estarte desligando de una parte de tu vida, como que la estás arrancando.

El apego, siendo ya adultos, es innecesario, sea cual sea la situación. Como te comentaba, este se origina por nuestro apego, en este caso obligatorio, hacia nuestros padres cuando éramos niños. Pero ahora, como adulto, debes desprenderte de él para que puedas alcanzar el bienestar y la felicidad.

Todos los miedos aparecen cuando tenemos apego hacia algo, por ejemplo, el trabajo. Sabes que no eres feliz en él y te planteas una y mil veces cambiarlo, pero, aunque pase por tu mente, no decides tomar acción y dejarlo. En este caso, puede que estés apegado a una remuneración económica y te entiendo perfectamente, el miedo es inmenso y empiezas a pensar qué será de ti.

Pues bien, he de decirte que, según lo que he leído en el último año y que he aplicado, toda acción que hagas desde el corazón y sin apego, en un primer momento te parecerá que estás cayendo en picado, pero nada está más lejos de la realidad, llámalo Dios, universo o como quieras, te acaba obsequiando circunstancias mejores.

El simple hecho de afrontar tus miedos de cara y desde el desapego, hace que aparezcan cosas bonitas en tu vida. Para ser sincero, yo tampoco me lo creía, pero sí sucede si decides tomar acción.

Volviendo con el caso de la pareja, el cual es un tema recurrente, pasa absolutamente igual. A veces, si dependes de la otra persona, también está ligado al dinero, como con el trabajo. Esto ya es un problema de base, ya que debes ser independiente, pero más allá de eso, el miedo que aparece aquí es el de quedarse sólo y no saber qué va a ser de ti después de terminar la relación.

Por lo tanto, el apego es una circunstancia que, llevada al extremo, nos aleja de la felicidad, pues estamos siendo dependientes de algo externo para alcanzarla.

El apego como tal no es malo siempre y cuando se base en un amor incondicional, es decir, que no importe lo que haga la otra persona, tú lo seguirás amando tal y como es. El apego, como comentaba, forma parte del instinto del ser humano, simplemente hay que saber que llegados a una edad adulta debemos transformarlo de la mejor manera posible para sentir uno sano y sin condiciones.

Cuando sientes amor incondicional hacia cualquier persona y circunstancia, no te apegas al resultado. Disfrutas del momento que estás viviendo a cada instante, dando sin esperar nada a cambio. En el caso de que las actitudes de otra persona puedan herir tus sentimientos, eso no llegará a convertirse en un sufrimiento, pues sabes que estas no dependen de ti.

Te vuelvo a mencionar, el dolor es inevitable, pero el sufrimiento es una opción. Aquí entra de nuevo en juego esta famosa frase, pues tienes derecho a sentirte dolido por ciertas situaciones, pero cuando las afrontas sin apego hacia ellas, dejarás de sufrir. Esto solamente lo conseguirás actuando desde el amor incondicional.

Esto está muy relacionado con un estado de aceptación y rendición, uno en el que no tienes expectativas más allá de vivir el momento presente, sabiendo que es lo único que tienes y como sea que suceda está bien, aunque se trate de momentos dolorosos.

Sabes que cuando ocurren esas circunstancias, pasan por algo y que todo lo bueno está por llegar. No es necesario que te resistas, ya que lo único que acabarás consiguiendo será sufrimiento. Cuando te resistes a una situación dolorosa, como la de un trabajo con el que no estás conforme, una amistad que no acaba de congeniar contigo, pero tienes miedo a quedarte solo, o la ruptura con tu pareja, lo único que estás haciendo es actuar desde el apego.

Si en esos casos eres lo suficientemente consciente como para no resistirte a la situación y dejarla ir, tarde o temprano, aparecerán nuevas y bonitas circunstancias en tu vida que, de otro modo, no aparecerían nunca. Incluso, puede que en un futuro esa relación laboral, de amistad o de pareja, acabe apareciendo de nuevo en tu vida, pero de una forma más sana, ya que te tomaste el tiempo para involucrarte más en tu desarrollo personal y trabajar en tu interior, eso hace que estas circunstancias, si vuelven a aparecer, lo hagan de manera diferente porque las estás atrayendo hacia ti siendo otra persona.

Debes tener eso muy claro, da igual la situación que se te presente delante, por muy complicada y dolorosa que te parezca, debes dejarla ir y no apegarte a ella para que puedas avanzar y progresar, saliendo de tu zona de confort.

Si no lo haces, tu vida girará siempre hacia el mismo sentido y tropezarás continuamente con las mismas circunstancias y situaciones, aunque en diferentes ámbitos.

Este punto me hace pensar en una situación específica que me traslada a un futuro. Mi esposa y yo recién somos padres, esta situación nos lleva a sentir un amor incondicional hacia nuestro hijo de cuatro meses, Leo.

Da igual lo que él haga, lo amamos desde el corazón y sin condiciones de ningún tipo. Es tanto el amor que sentimos por él, que puede llegar a convertirse en apego si no lo sabemos gestionar bien. De modo que, cuando vaya avanzando en su vida y cumpliendo años, debemos sentir el mismo amor incondicional por él, sin importar lo que haga o deje de hacer.

Pero también debemos establecer normas claras, con sabiduría, es decir, sin restricciones que coarten su libertad y que denoten apego hacia él y a determinadas situaciones, siendo abiertos a escuchar sus opiniones. Por ejemplo, si en un futuro él quisiera irse de casa, puede que, si establecemos un vínculo de amor condicional con él y sentimos apego, suframos esa situación porque vamos a querer retenerlo en casa.

Pero es algo natural el que los hijos se vayan de casa, es más, es necesario que así sea, pero si no sabemos gestionar el apego, no la pasaremos nada bien.

Como ves, el apego puede estar presente en cualquier circunstancia de nuestra vida, pero a veces es muy difícil establecer límites y colocarnos en una posición de desapego ante algunas situaciones, sin embargo, debemos hacerlo por nuestro bienestar y felicidad.

A veces, establecemos relaciones de apego porque creemos que así la otra persona percibe que tenemos más amor para ella, pero eso está lejos de la realidad y muchas veces lo único que se logra es marcar restricciones con las que la otra persona se siente coartada porque piensa que si no actúa como tú quieres, eso te molestará.

Debes aceptar las situaciones y rendirte ante ellas por muy dolorosas que puedan parecer, sabiendo que lo haces no solamente por el bien del otro, sino por tu propio bien y tu mejor salud.

Al principio, será muy complicado aplicarlo en tu vida, como cualquier otra rutina, pero una vez que te afiances en ese nuevo proceder, será más llevadero para ti y verás los resultados reflejados en tu bienestar y felicidad.

5

Deseo, el diablo de la actualidad

«No desees ser nada más que lo que eres y trata de ser bueno en ello».
San Francisco de Sales

El deseo está íntimamente ligado al apego, y es indirectamente proporcional a la felicidad duradera. Cuando en una circunstancia de la vida aparece el deseo, aunque pueda parecer que este nos acerca a la felicidad, se trata simplemente de algo temporal, y realizar cualquier acción desde el deseo nos alejará del bienestar a largo plazo.

Debemos evitar cualquier indicio de deseo hacia algo en concreto, pues si no obtenemos el resultado que buscábamos, lo único que haremos será sufrir.

Voy a poner un ejemplo para que se vea más claro cómo puede aparecer el deseo en nuestra vida. Supongamos que te apetece tomarte un helado porque lo has visto anunciado, así que entras en el establecimiento y lo compras. Lo tomas, lo abres y te lo devoras, deseabas comerlo desde el mismo momento en el que lo viste anunciado.

Esto es realizar una acción desde el deseo, sin analizar conscientemente las consecuencias. En este caso, como es bien sabido, un helado no es lo más apropiado para la salud, pero más allá de eso, como te lo devoraste, ni siquiera lo disfrutaste. Actuaste desde un instinto primitivo y atendiendo a un llamado para saciar tu dopamina.

Eso te aleja de la felicidad a largo plazo. Si lo haces de manera consciente, podrás disfrutar del helado, aunque no desde el deseo y sí desde el bienestar, es decir, podrás mirar hacia una felicidad futura y no sólo la alegría del momento.

Si lo hicieses así, desde que vieras el helado anunciado, sabrías bien que quieres disfrutar de él y, antes de entrar a comprarlo, sabrías de antemano qué aspectos perjudiciales podría tener para tu salud, pero poniendo en una balanza el riesgo y el beneficio, decides entrar a comprarlo.

Sabrás que, si eres una persona activa y que hace ejercicio con regularidad, eso no va a influir lo más mínimo en tu salud. Además, el hecho de privarte de algo que realmente disfrutas, podría perjudicar tu salud mental.

Entonces, siendo consciente de que te apetece comer ese helado, entras en el establecimiento, lo compras y lo disfrutas como te mereces. Eso está realmente alejado del deseo, ya que supiste sopesar los porqués de comerte el helado, sus beneficios y consecuencias, y decidiste comerlo.

Existe una línea muy fina entre hacer algo desde un deseo inconsciente y uno consciente. Este último está alejado de hacer algo desde el apego y no perturbará tu salud emocional.

He puesto este ejemplo para que pudieras ver mejor hasta qué punto un deseo puede presentarse en tu vida, como en decisiones tan simples como la de comerte un helado.

Al principio te parecerá una trivialidad, incluso odiarás plantearte todas las situaciones, pero será necesario si quieres tener una vida llena de bienestar y abundancia. Y como te he dicho, al inicio tomarás decisiones de manera impulsiva y desde un deseo inconsciente, lo has hecho así durante mucho tiempo, pero una vez que empieces a aplicar esta otra forma te saldrá de manera automática y sabrás el para qué de cualquier decisión que tengas que tomar en tu vida.

Sé que suena algo enrevesado e incluso que roza la paranoia mental, pero si no decides tomar cartas en el asunto ahora, más adelante eso influirá de manera negativa en tu salud emocional y mental.

Puse el ejemplo del helado para que lo pudieses ver claro, pero quiero que sepas que el día que te apetezca tomarte un helado, aun siendo de manera inconsciente, no pasará absolutamente nada, porque ya estarás aplicando el deseo consciente en otras circunstancias de tu vida.

Además, puede que, como el helado se asocia al disfrute, barajes la posibilidad de no aplicarlo en ese momento en concreto. No te preocupes, pero aplícalo a otras situaciones, así te acostumbrarás a ponerlo en práctica ante cualquier decisión que vayas a tomar.

Puedes aplicar este ejemplo a la hora de comprar un auto, para que sepas cuándo debes comprarlo y no hacerlo sólo por cumplir un deseo. O a la hora de comprar una prenda de vestir, para que no lo hagas simplemente como una compra impulsiva que intenta mitigar y reducir un posible conflicto interno a nivel emocional, como la ansiedad.

Para poder aplicar de manera eficiente el deseo consciente y no tomar decisiones de las que luego te puedes arrepentir, puedes introducir la regla del «¿para qué?». Por ejemplo, siguiendo con el último ejemplo de la compra de un auto. Vas al concesionario decidido a comprar el último modelo de una marca que te gusta, y con todos los extras para sentirte realmente satisfecho.

Entonces, lo compras de manera inconsciente, sin pensar en el para qué necesitas ese modelo de auto. De modo que, antes de entrar en el concesionario no te paraste y te preguntaste: «¿para qué quiero ese auto?», si lo hubieras hecho quizá tu respuesta hubiera sido que es para sentirte satisfecho porque es un modelo increíble y a la hora de andar en él y mostrárselo a la gente te llenarás de orgullo.

Luego, tal vez, te hubieras preguntado: «¿Para qué necesito enseñárselo a las personas?», y respondes que así sentirás que tienes mayor estatus social; entonces te habrías hecho otra pregunta: «¿Para qué necesito tener mayor estatus social?, a lo que probablemente hubieras respondido que, para sentirte orgulloso de ti mismo, pero ¿para qué necesitas sentirte orgulloso de ti mismo?, para subir tu autoestima.

Con esta última pregunta habrías llegado al problema de base. Las primeras respuestas fueron dadas por tu ser egocéntrico, pero la última te habría llevado al quid de la cuestión, que no es otra cosa que mejorar tu autoestima.

Pero esta no mejorará comprando un auto, eso es algo externo a ti, lo que debes hacer es mejorar desde tu interior, aprender a amarte y respetarte como eres y te mereces.

Como ves, cuando tomamos decisiones desde el deseo, hay mucho detrás de ellas. Para poder hacerlo de manera más consciente es necesario que te plantees el para qué de esa decisión que vas a tomar, de esa forma no te alejarás de tu bienestar.

Cuando hayas interiorizado este mecanismo, no hará falta que te plantees continuamente esas preguntas, el motivo real del por qué quieres realizar algo saldrá de manera automática y sabrás cuándo debes elegir de manera consciente y no desde el deseo. Al llegar a este punto, tu bienestar y alegría se verán reforzados.

6

Perdonar para poder avanzar

«El perdón es un regalo silencioso que dejas en el umbral de la puerta de aquellos que te han hecho daño».
Robert Enright

Es uno de los principios fundamentales para poder alcanzar la plenitud y la felicidad. Lo único que consigues al guardarle rencor a alguna persona es intoxicar tu cuerpo. Además, el actúa como una bola de nieve, se va haciendo más grande con el paso del tiempo.

Es necesario que te pares a pensar por qué sientes ese rencor, si lo haces, acabarás por descubrir que, en ese momento, tanto tú como la otra persona a la que le guardas rencor hicieron las cosas de la mejor manera que sabían.

Para poder sanar tus heridas emocionales y seguir adelante, para poder conseguir un estado de bienestar interior, debes perdonarte a ti mismo y a los demás. Da igual cuáles fueron las circunstancias por las que no llegaron a un acuerdo en ese momento, no es necesario guardar rencor, juzgar ni criticar la situación.

Cada uno de nosotros albergamos en nuestro interior cierto tipo de creencias, estas fueron absorbidas por nuestro subconsciente durante la infancia a través de nuestros padres, los familiares, amigos, la escuela, etc., y ha condicionado la manera en la que tomamos decisiones. Cada uno cree tener la razón, pero las creencias son limitantes a la hora de actuar de la mejor manera posible.

Cualquier decisión está basada en ellas y si cada uno tiene creencias tan dispares, nunca se llega a un punto de encuentro al momento de tomar decisiones.

Además, el ego juega un papel fundamental aquí, él refuerza la necesidad de tener la razón y piensa que la otra persona está equivocada. Eso favorece a aumentar el rencor y se hace mucho más difícil que podamos encontrar un lugar para el perdón.

Perdonar es una parte fundamental para empezar a desmontar tus creencias. Cualquier situación que se te presente que no vaya acorde con tu forma de pensar fundamentada en tus creencias y vivencias pasadas, aparecen en tu vida simplemente para que puedas aprender de ellas y empezar a cambiar.

Aunque la palabra «cambiar» no es la idónea, porque nadie debe cambiar nada, simplemente debemos aprender y progresar. Es decir, cada conflicto que pueda surgir por una diferencia de opiniones, debes tomarlo como meros aprendizajes para seguir progresando.

Al principio esto es complicado, ya que aparecerán resistencias, fundamentadas en el ego, que te impedirán cambiar tu opinión y dar la razón, lo único que verás es tu parte de la verdad. Esto es algo innato, el ser humano prefiere morir teniendo razón antes que darla.

Debes grabar la frase que te daré en tu mente para que puedas verlo de otra manera, eso te hará conseguir más paz mental. Esta dice lo siguiente: «Entre ser una buena persona y tener razón, elijo ser buena persona».

Hace tiempo que yo la aplico en mi vida, aunque no te voy a negar que aún, de vez en cuando, me capturo renunciando, pues cuando se ha estado tantos años queriendo tener razón, se hace difícil cambiar de un día para otro.

De modo que, no te preocupes si de primeras, aun sabiendo y queriendo poner en práctica esta máxima, que te llevará al bienestar, no eres capaz de aplicarla en todas las situaciones. El ego siempre saldrá a la luz, pero debemos conseguir domarlo. Debes cambiar el hecho de ser esclavo de tu mente y lograr que ella sea tu sierva.

Es indiferente lo que pueda proyectar tu mente cuando no puedes perdonar una circunstancia determinada, ella lo único que hará es demostrarte, desde el orgullo, que es intolerable lo que te hayan hecho y no lo puedes perdonar.

Para poder perdonar de verdad deberás dejar tu orgullo a un lado. Un recurso que podemos tomar en cuenta en estas circunstancias es el recordar que la vida es limitada, y que sería una verdadera pena que mueras, o que lo haga la otra persona, sin haberla perdonado realmente.

Otra cosa que puede pasar es que, si le pasara algo grave a la otra persona, aquello que haya pasado puede convertirse en una herida imposible de aclarar en toda tu vida, eso te puede llevar a cargar con una culpa eterna. Puedes perdonar una vez muerta la persona haciendo oración y meditando, pero es más sencillo si lo haces mientras tengas la posibilidad de hacerlo en presencia.

Es indiferente el daño que pueda hacerte una persona, lo importante es el significado que le otorgas a esa acción determinada, por eso acumulas ira y rencor y posteriormente, por orgullo, tendrás un pendiente con ella por siempre.

Recuerda, cualquier persona que se cruza en tu camino simplemente está allí para que puedas aprender algo determinado. Mírala con compasión infinita, y reconoce que lo que está haciendo es lo mejor que sabe. Trátala como si fuese un niño que no lo sabe hacer mejor. Desde esa perspectiva podrás ver las cosas de manera diferente.

El problema es que cuando nos molesta lo que está sucediendo y reconocemos que algo de la otra persona nos irrita, cómo se está comportando y actuando, lo hacemos desde el cerebro racional y, como te he dicho antes, sacamos nuestras propias conclusiones y le damos un significado a esa acción basado en nuestras creencias y paradigmas.

Debes tener en cuenta, además, que atraemos lo semejante a nosotros, entonces reconoce que esa persona se parece más a ti de lo que piensas. Es una proyección de tus pensamientos.

Por ejemplo, si en un momento determinado estás pensando que no estás conforme con tu cuerpo, la persona que se cruce en tu camino simplemente corroborará eso que estás pensando y lo proyectará de la mejor manera que sabe hacerlo. Si tienes suficiente coraje para aceptar eso que te ha dicho, lo tomarás bien y sabrás que ella sólo está reflejando algo que tú ya has pensado anteriormente.

En cambio, si tomas el comentario con ira y orgullo y piensas que ella no es quién para decirte eso, sentirás rencor y te será difícil perdonarla. Cuando te la vuelvas a encontrar, tu mente te recordará lo que dijo aquel día, en vez de pensar en disfrutar ese momento presente que es lo único que existe.

Por eso, da igual lo que haya sucedido en el pasado, lo único que existe es lo que está sucediendo ahora mismo, nada más. Desde esta perspectiva te será más sencillo perdonar y olvidar lo que haya podido suceder en un pasado ya inexistente.

El acto de perdonar es el mayor acto de valentía que puedes hacer, significa que has dejado a un lado todo tu orgullo y has evolucionado para convertirte en un ser superior al que ya nada le importa salvo lo que sucede en este preciso instante.

Además, de esta forma, las personas también podrán perdonar tus actos pasados y la forma en la que puedas actuar en un momento presente, ellas sabrán que lo hiciste y lo estás haciendo de la mejor manera que sabes y con el coraje suficiente. Porque recuerda lo que te mencionaba antes, atraes aquello semejante a ti, y si tú eres un ser con la capacidad de no guardar rencor y de dejar tu orgullo a un lado, eso es lo que acabarás atrayendo a tu vida.

Debes ser el ejemplo que quieres ver en el mundo, así las personas se harán conscientes de que tú eres un referente y una persona en la que pueden fijarse como modelo para poder alcanzar el bienestar y atraer abundancia y prosperidad a sus vidas.

El ser un ejemplo para los demás es la consecuencia de tus actos de generosidad y valentía, pero no debe ser una meta que necesites alcanzar. Lo único que necesitas alcanzar es tu alegría y bienestar para poder vivir una vida feliz. Quien quiera seguirte lo hará, y el que no lo desee, se apartará, no existe ningún problema en ello.

Lo importante es saber gestionar tus emociones para que puedas perdonar desde el corazón y, como bien sabes, todo empieza por perdonarte a ti mismo primero. Una vez que consigues eso y tu interior esté sano, podrás empezar a hacerlo con el resto de las personas.

Tienes que saber y tener claro que cualquier acto que hayas hecho en el pasado lo hiciste basado en lo mejor que sabías en ese momento y desde el nivel de conciencia en el que estabas. No quieras pretender cambiarlo, ya es un hecho pasado. Si te quedas anclado en esa circunstancia, acabarás materializándola una y otra vez en tu futuro. Perdónate a ti mismo, no existe otro recurso para poder progresar y avanzar en la vida y lograr el bienestar pleno.

Habrá personas que te recuerden una y otra vez que el pasado fue mejor, o que te guarden rencor por una acción determinada. Pero si ya sabes que no puedes controlar lo externo al cien por cien, al menos, controla tu interior y mantente tranquilo, si no lo haces puede que tu salud física y emocional se vean realmente afectadas.

Es indiferente cómo hayas actuado, habrá personas a las que les puedes agradar y a otras que no, simplemente sé consecuente con tus acciones, siempre que las hagas con honestidad y desde el corazón, las personas percibirán desde qué punto lo estás haciendo.

De modo que, siempre y cuando actúes desde la consciencia, no tendrás incluso ni que pensar en tus acciones pasadas, no las juzgarás y no tendrás que perdonarlas, porque sabrás que lo hiciste lo mejor que sabías en ese momento.

Además, en ese estado, sabrás que la persona que tienes delante también lo está haciendo lo mejor que sabe y no juzgarás sus actos, más allá de que lo haga o no con maldad.

Desde ese estado de conciencia en el que internamente estás sano, sabrás comprender y perdonar cualquier acción que pueda desempeñar una persona, y tendrás la suficiente compasión como para entender por qué lo hace y desde qué punto lo hace. Así, desde ese nivel de conciencia, podrás perdonar y la persona se sentirá amada y respetada.

Quizás estás pensando que no cualquier acto se puede perdonar. Bueno, te voy a poner un ejemplo drástico para que lo puedas entender. Hitler mandó a ejecutar a muchas personas inocentes, fue un individuo que causó mucho dolor, en especial a los judíos.

Pero debes recordar que las personas causan dolor a través de actos basados en sus creencias y capacidades, y cada uno lo hace desde su posición en la sociedad. Hitler, al tener tanto poder, pudo cometer esos actos tan crueles, pero él no es diferente a una persona que guarda un gran resentimiento e ira dentro, bien sea por no sentirse amado, por una herida emocional de la infancia o por cualquier otra circunstancia.

Él no veía que estaba haciéndole tanto daño a la humanidad, para él lo que hacía era algo correcto, basado en sus paradigmas y creencias, eso lo llevó a realizar tales atrocidades. Si pretendemos juzgar a las personas por sus actos, entonces estaríamos todos enfrentados.

Desde la perspectiva del amor incondicional, comprendiendo que todo tiene su razón de ser y actuando desde la compasión, te darás cuenta que cualquier persona actúa de la mejor forma que sabe, incluso Hitler. Cuando llegas a este punto de comprensión y de conciencia, perdonas cualquier circunstancia, por mucho daño que haya podido ocasionar.

Si lo haces, como te mencioné antes, serás un ejemplo para las personas. Cuantas más personas estemos en un estado y nivel de conciencia que nos permita albergar amor incondicional, comprendiendo que lo están haciendo lo mejor que pueden y saben de acuerdo con sus creencias, mejor será el mundo.

Ya no se trata sólo de que lo aplicas a nivel individual y cuando te viene mejor, funcionará como una bola de nieve e indirectamente elevarás la conciencia colectiva de las personas.

Pero para ello debes elevar tu estado de conciencia y lograr sentir un amor incondicional, no importa lo que pueda o no hacer otra persona ni desde qué punto esté actuando, perdona cualquier circunstancia por muy cruel que pueda parecerte. El perdón es la base de todo.

7

Creencias limitantes

«Sólo cuando la mente está libre de ideas y creencias puede actuar correctamente».
Jiddu Krishnamurti

Esta es una de nuestras mayores limitantes a la hora de alcanzar la felicidad y el bienestar, y según nos aferremos a ellas más nos alejaremos de alcanzar un estado de paz y felicidad.

El principal escollo que nos encontramos a la hora de querer cambiar las creencias es que llevas toda una vida con ellas, y gran parte las interiorizaste entre los cero y seis años. Durante esa etapa, tu subconsciente absorbió mucha información, mayoritariamente, de tus padres.

No pudiste protegerte contra toda esa información y seleccionar aquella que fuera de beneficio para ti, ya que no eras lo suficientemente consciente como para poder hacerlo.

Pero esas creencias no tienen por qué ser buenas o malas, simplemente no son las tuyas. Por eso debes empezar a plantearte, de todo aquello en lo que crees, qué hace que estés bien y qué hace peor tus días.

En ciertos casos, nuestras creencias son mayoritariamente limitantes y nos quedamos con ellas hasta el final, cerrándonos a otras que puedan aparecer.

Por ejemplo, si crees que el dinero corrompe a las personas y que las vuelve avariciosas, cabe esperar que si te encuentras con una millonaria la catalogues como tal, te estás limitando al pensar que el dinero provoca que las personas sean malas y que probablemente han tenido que hacer algo deshonesto para poder conseguir todo ese dinero.

Mientras te aferres a una creencia no podrás ver más allá. En este caso, yo pienso que el dinero no hace malas a las personas, sino que potencia lo que ya eran antes de conseguirlo. Si eres una buena persona, potenciarás esa cualidad, pues podrás hacer más actos solidarios y mejorar la economía del mundo porque podrás consumir más y diferentes servicios.

Y si se trata de una mala persona, hará lo mismo y puede que se vuelva más ruin, quizá tendrá miedo de perderlo todo, será más avariciosa y querrá poseer más y más en vez de ser generosa y bondadosa con las demás personas.

Este caso es muy común en nuestra sociedad, lo que nos transmiten desde que somos pequeños es que el dinero corrompe y es malo. Eso lo aprendemos no solamente de nuestro círculo cercano, sino que a medida que nos hacemos adultos, no vamos formando nociones negativas acerca de los ricos a través de los periódicos, la televisión y las revistas.

Eso no sólo hace que corroboremos esas creencias que aprendimos de niños, sino que hará que se genere más odio y rechazo hacia esas personas.

Y al igual que este ejemplo, pueden existir cientos de ellos, todos basados en tus creencias. Muchas son de carácter limitante y no nos permiten ver más allá, sin embargo, nos aferramos a ellas creyendo que poseemos la verdad absoluta, esto es un grave error, ya que nos condiciona al momento de tomar decisiones.

El poder de una creencia es incalculable y podemos morir por defenderlas, sin asumir que hay cientos de posibilidades.

Además, la sociedad o el país en el que hayas nacido también determinará en gran parte tus creencias. El hecho de viajar y ver el mundo hace que expandas tu mente. Ese es un gran recurso, al igual que la lectura.

Te pongo mi ejemplo en concreto. Cuando Miri y yo nos fuimos de luna de miel, los destinos fueron Dubái y Bali. Bueno, el primer país es un lugar con una cultura diferente, en ciertas zonas la mujer es vista como algo inferior y su nivel en cuanto a sus derechos con respecto a los hombres es menor.

Esto, en nuestro país, España, es algo que ha quedado atrás, aquí los derechos entre las mujeres y los hombres se están equiparando cada vez más. Bueno, teniendo una mente abierta, puedo catalogar a Dubái como algo natural, nosotros también pasamos por cosas así para poder conseguir los derechos que tenemos ahora como sociedad, ellos aún no han llegado a ese punto.

Una mente cerrada y que se aferra a sus creencias catalogaría ese país como machista, y opinaría que deberían cambiar en muchos aspectos. Podría haber un conflicto entre mis creencias y las suyas que podría desencadenar en una contienda. Desde el punto de vista de un habitante de Dubái, le puede parecer que en nuestra sociedad la mujer tiene demasiada libertad, o que es intolerable que tengamos un nivel de inglés tan bajo.

Cada uno está donde que debe estar en un momento y situación en concreto, pero debemos valorar que hay cientos de posibilidades y diferentes circunstancias que están presentes en nuestra vida.

Con esto no quiero decir que un país sea mejor que otro, simplemente estamos en puntos diferentes, pero no debemos criticar ni juzgar otra situación por el simple hecho de que no se asemeje a nuestras creencias.

En cuanto al segundo país, Bali, lo que me sorprendió es la manera que tienen las personas de conducir. Y no solamente eso, sino la manera de desplazarse. Por ejemplo, conducen muy pegados los unos a los otros, frenando casi encima del auto de adelante, adelantan en un carril en donde sólo puede circular un auto, pero se ponen a la par y adelantan sin problema.

Otra cosa que me impactó fue ver una familia de cuatro personas que se desplazaban en una moto y sin casco. Claro, este caso de la moto, si lo vemos en nuestra sociedad, por simple seguridad cabría esperar que utilizaran el casco y que no permitieran ir más de dos en una moto, pues eso aumenta el riesgo de tener un accidente y morir.

Bueno, para nosotros esto es una creencia, según nos comentaba el guía su tasa de accidentes es bajísima. De modo que esta es una creencia que tenía yo por haberme educado en una sociedad en la que las cosas se hacen de diferente manera.

Esto conduce a la crítica, en mi caso, desde el nivel de conciencia en el que estaba en ese momento, los catalogaba de locos por conducir de esa manera.

Estos son dos ejemplos básicos y reales que pueden dar una idea de lo que pueden limitar nuestras creencias y de cuánto nos estancamos pensando de una manera o de otra.

Mientras más nos aferremos a ellas, más sufriremos, pues no miraremos más allá de aquello que estamos pensando acerca de cualquier situación o circunstancia que se nos pueda presentar en nuestra vida.

Para poder reiniciar tu mente, ampliarla y empezar a ver más allá de las creencias que tienes arraigadas actualmente, deberás hacer un trabajo de desarrollo personal, mirar hacia adentro y ver qué es lo que te limita.

Esto lo consigues, principalmente a través de la meditación, ella te ayuda a «volver a casa», a escucharte realmente y potenciar tu lado espiritual. Otra herramienta que puede resultar de gran ayuda son las afirmaciones positivas o declaraciones. Con ellas y el tener una mente más abierta, podrás empezar a creer cosas que hasta el momento eran impensables para ti.

También puedes añadir visualizaciones de todo aquello que pretendes conseguir y cambiar en tu vida. Existe una frase que se acopla muy bien con esto: «Todo aquello que crees, acabas creándolo». Eso lo logras con el poder de tu mente.

Si implementas estas acciones en tu día a día, acabarás cambiando tus creencias y tu manera de ver la vida, con el resultado consiguiente y beneficioso de tu bienestar. Esto no se consigue de la noche a la mañana, pero debes ser perseverante.

Esto es igual al bambú chino, este está siete años echando raíces sin que aparentemente pase nada, pero en el séptimo año puede llegar a crecer hasta alcanzar una altura de treinta metros.

8

Genética y la felicidad

«Recuerda que todo lo que piensas afecta a tus células. Los pensamientos negativos enferman».
Anónimo

Puedes pensar que uno de los principales culpables de tu infelicidad es la herencia que te han dejado tus padres. Quizás ellos son personas que no ríen con facilidad y que te educaron de determinada forma. Y no sólo que te han educado así, sino que también has heredado muchas cosas de ellos que están implícitas en tu ADN.

Bueno, estás en lo correcto, la herencia que te han dejado sí influye, pero eso es como decir que has llegado tarde a una cita porque los semáforos estaban todos en rojo. Los semáforos están ahí y debes tomarlos en cuenta, pero no es el principal causante de que hayas llegado tarde.

Si los hubieras tomado realmente en cuenta, habrías salido antes de casa, y hubieras llegado a la hora. La herencia es un aspecto a tener en cuenta para tu bienestar y felicidad, pero no es determinante si decides ponerte manos a la obra.

Esto es como el ejemplo de dos gemelos. Ambos nacieron, pero la madre murió durante el parto, de modo que el padre se tuvo que hacer cargo de ellos. Él era alcohólico y el hecho de haberse convertido en padre no cambió su manera de actuar.

Cuando los recién nacidos se hicieron mayores, el referente que habían tenido y que había sido la figura principal para progresar en la vida era su padre. Ellos pudieron irse por el camino fácil y establecer sus rutinas y límites en función de lo que habían heredado y aprendido en casa.

De hecho, uno de ellos siguió ese camino y acabó arrastrado por las calles y siendo alcohólico. El otro, sin embargo, al ver a su padre y a su hermano, decidió que eso no era lo que quería para su vida. Tomó las riendas de su vida y cambió por completo lo que había heredado de su padre, se convirtió en una persona de éxito, en un empresario y una persona bondadosa.

Por lo tanto, los límites los establece la persona en función de lo que quiera creer y de cuánto quiera responsabilizarse de sus circunstancias actuales. Lo más sencillo, es decir: «Yo soy así porque mi padre o mi madre eran así», y si tienes una enfermedad «X», pensar que tú también la tendrás porque estás marcado por la genética.

En tu mente está todo lo que quieras creer. Claro, existen ciertas enfermedades que no podemos eludir, pues por herencia y genética las padeceremos, pero está demostrado científicamente que solamente el 2 % de todas las enfermedades que existen se heredan con nuestro ADN.

No pienses que, porque en tu familia padecen de diabetes o de enfermedades cardiovasculares, por poner ejemplos de los más comunes, tú también las vas a heredar. Sin embargo, todo lo que quieras creer se va a manifestar en tu vida, y en el caso de estas dos enfermedades, el factor mental juega un enorme papel.

Al estar involucrado en el mundo del entrenamiento y estar ligado a este tema, quiero aportarte algo más con respecto a esto. Las últimas revisiones bibliográficas que he hecho acerca del tema muestran que personas que comen todo aquello que se les antoja, pero que hacen ejercicio físico con frecuencia, corren poco peligro de padecer enfermedades crónicas.

Y viceversa, personas que se cuidan en cuanto a la alimentación, pero que no se mueven, aumentan considerablemente la posibilidad de padecer alguna enfermedad crónica. Esto está basado en la ciencia. Ahora, como te expliqué en el capítulo anterior, todo sucederá en función de lo que tú quieras creer.

Cabe esperar que si te cuidas vivirás más años, independientemente de cómo te alimentes y de tu genética, pero la mente también puede jugar un papel muy importante en lo referente a creerse o no ciertos estudios científicos.

En cuanto a esto, el efecto placebo juega muy buenas o malas pasadas, en este caso, se denominaría más bien nocebo. Si crees que algo te va a curar, así sucederá, independientemente de si recibes o no el medicamento.

Esto está más que demostrado, científica y empíricamente. Pero también funciona al revés, como un efecto nocebo. Esto lo podemos ver, por ejemplo, en técnicas como el vudú.

Con todo esto quiero decirte que cualquiera que sea el ámbito en donde lo queramos aplicar, la genética tiene poco o nada que ver con lo que sucede en tu vida.

Recientemente, se ha demostrado que el bienestar tiene más que ver con la epigénetica, es decir, con el ambiente, con el cuán positivo piensas o con tu círculo de amistades más cercano.

Reír es un gran analgésico para nuestro organismo, pues estimula la producción de serotonina, la hormona relacionada con la felicidad. Si tus padres eran toscos y no reían ni que tuvieran un gran motivo para hacerlo, eso no tiene que ver con que tú no lo hagas.

Perdónalos de una vez por todas, ellos lo hicieron lo mejor que sabían, condicionados por sus creencias y lo que heredaron indirectamente de tus abuelos, lo que aprendieron en la escuela o la información que absorbieron durante sus vidas.

Hoy en día tenemos bastante facilidad y recursos para aprender, hay libros, formaciones o retiros con los que podemos elevar nuestro nivel de conciencia, pero antes era más complicado.

Pero esto puede ser una desventaja, ya que la sobreinformación a veces puede ser también un detonante para volver a una persona más inconsciente, pues creen cualquier cosa que leen y siguen a cualquiera que se haga llamar «mentor», sin haber verificado su trayectoria.

De modo que, si quieres alcanzar el bienestar en tu vida, olvídate de eso de la genética y del pensamiento simplista de que tus padres eran así y que tú actúas como ellos, eso puedes y debes cambiarlo.

Quieras mucho o no a tus padres, debes desligarte de sus creencias limitantes para alcanzar resultados beneficiosos para tu vida. Ellos te educaron lo mejor que sabían, aunque recuerda que la programación que recibiste siendo un niño, incluso desde que estabas en el vientre de tu madre, hasta la edad de siete años, condicionó lo que eres hoy en día.

Lo reconozco, eso es algo que nos limita, pero por eso debes empezar a cambiarlo desde ya, de lo contrario, te limitarás para alcanzar tu máximo potencial y desarrollo personal y espiritual y llegar a tu verdadero estado del ser.

La genética, como te comentaba, influye muy poco, incluso en enfermedades que podamos heredar, apenas llega a un dos o cinco por ciento.

Entonces, no porque tus ascendentes directos, es decir, tus padres, abuelos, bisabuelos o incluso tatarabuelos hubiesen tenido una vida injusta en la que su estado habitual era de infelicidad y depresión, tú tengas que tener una experiencia similar, eso no tiene nada que ver contigo.

Todo aquello que creas, va a condicionar tu manera de vivir de una manera u otra. Por eso, te invito a que dejes de creer que has venido al mundo marcado genéticamente y predispuesto a vivir una vida de manera determinada. No, eso es un grave error y significa condenarte indirectamente por esa manera de pensar, dispuesta al fracaso.

Debes vivir tu vida con plenitud y dicha. Al cambiar tu manera de pensar en cuanto a que tus genes determinan tu vida y al modificar tu manera de actuar reconociendo tus creencias limitantes, serás un verdadero ejemplo para los demás.

Te entiendo perfectamente si crees que esto de la genética influye en tu vida. Yo también estuve en el lugar en el que te encuentras tú ahora. Yo era una persona introvertida, o eso creía yo, pensaba que como mi madre es introvertida yo lo había heredado de ella de manera inconsciente.

Claro, algo hay de cierto en eso, pues el programa de ser reservado lo absorbió el Brais que vivió cerca de su mamá hasta los siete años, creía que esa era la manera de vivir y me puse una etiqueta. Hoy en día, sé que eso no es verdad y modifiqué mi conducta, por eso ahora no tengo problemas con exponerme ante infinidad de personas y siempre quiero mejorar.

Tengo una determinada forma de ser, pero no está marcada por mi genética. Me encantan los momentos de soledad durante los cuales dedico tiempo para mí, cuando lo hago no me gusta relacionarme con nadie, los disfruto mucho, por ejemplo, mientras escribo libros como este, pero lo hago sin etiquetarme como introvertido. El etiquetarte de cierta forma sólo hará que te límites para alcanzar resultados óptimos.

Como leí una vez de un autor que me gusta, no existen resultados mediocres, simplemente existen personas poco convencidas de que pueden alcanzar resultados excelentes. Lo de echarle la culpa de tus circunstancias actuales a la genética o a lo que heredaste de tus ancestros, es ponerte etiquetas y limitarte en la vida.

Dentro de ti tienes un gran potencial como para culpar a agentes externos de lo que te sucede. Hazte cargo de tu vida de una vez por todas, eso es lo único que te hará progresar.

La genética está muy bien sólo para que te digan lo parecido que eres a tus padres físicamente. Pero, si en algún momento te han dicho que te pareces a tu padre o a tu madre por tu manera de actuar, entonces tienes trabajo por hacer para poder cambiar eso.

Exteriormente te puedes parecer todo lo que quieras, pero interiormente no debería ser. Cada persona es un ser único y ha venido al mundo con un propósito determinado que no está marcado por nada ni nadie. Claro, si tus padres son buenas personas, (todo el mundo lo es, pues lo hacen lo mejor que saben) y son de esos que van por el bosque recogiendo la basura que han dejado otros a su paso, esto sí es algo que deberías replicar.

Con esto te quiero decir que hay actitudes que sí puedes copiar, por ejemplo, aquellas que tú las catalogas como buenas porque contribuyen con la humanidad, pero que no condicionen tu estado del ser. Tú, como te dije, eres único e irrepetible, y no debes ser una copia de absolutamente nadie.

Además, cuando decides tomar las riendas de tu vida atraerás a personas que también son únicas e irrepetibles, y crearás riquezas inigualables con esas relaciones.

Olvídate de la genética de una vez por todas, eso no debe influir para nada en tu vida actual, no deben condicionarte para tomar ciertas decisiones ni para conseguir grandes logros.

Si quieres ahondar más sobre este tema te recomiendo que leas y te informes sobre cómo influye la epigenética en tus estados emocionales, en tu manera de ser. Además, no sólo aclararás dudas con respecto a lo poco o nada que influye la genética, sino que irás más allá y te darás cuenta que puedes cambiar cualquier cosa que te plantees.

9

Pensar en lo que queremos

«No obtener lo que uno quiere, a veces es un golpe de suerte maravilloso».
Dalai Lama

A la hora de pensar nos topamos con un grave problema, y es que nuestra mente constantemente está llena de pensamientos y la mayoría de ellos son negativos, de modo que casi no tenemos pensamientos positivos.

Y cada vez que tenemos uno gratificante, lo juzgamos y pensamos que debe ser mentira, pues algo tan bueno no puede ser verdad.

Debemos cuidar mucho nuestros pensamientos, porque según dicen los expertos, tenemos alrededor de unos seis mil pensamientos diarios y, aunque no sucede siempre, muchos días el noventa y cinco por ciento de ellos son innecesarios, es decir, no nos ayudan a progresar, sino que más bien nos estorban.

Digamos que son pensamientos basura, esto no sucede todo el tiempo, pero sí la mayor parte de él. La mente, por lo general, está recordando sucesos pasados o pensando y divagando acerca del futuro.

Si la dejas a su libre albedrío, puede causarte daño y dejarte muy mal parado. Siempre estamos pensando en cosas que no queremos, en vez de darles fuerza a aquellas que sí queremos realmente. Este es un mecanismo de defensa que les sirvió a nuestros antepasados para poder sobrevivir, pero hoy en día es totalmente innecesario.

Te entiendo perfectamente y me siento identificado contigo si pasas por eso, pues sé lo difícil que es gobernar nuestros pensamientos. Requiere un entrenamiento diario, pero con el tiempo, gracias a él, acabas consiguiéndolo. Es como cualquier otra cosa que quieras alcanzar, requiere perseverancia para poder conseguir los resultados esperados.

Te pongo un ejemplo sencillo para que puedas verlo de manera más clara. Supongamos que alguien hace algún tiempo tuvo un percance mientras conducía su auto, tuvo un accidente, pero no le sucedió nada, salió ileso y sólo tuvo que dar parte al seguro.

Después de esa situación, cada vez que toma el auto, piensa que no quiere que le vuelva a ocurrir y tener que pasar de nuevo por ese mal trago, ni experimentar de nuevo el susto que lo llevó a tener esa sensación de tanta angustia y miedo.

Lo más habitual es permitir que la mente divague con pensamientos innecesarios, ella lo hace simplemente para protegerte y que puedas sobrevivir, esa es su labor y lo hace bien.

El problema de eso es que no te lleva a ninguna parte, lo único que hace es intoxicar tu cuerpo y restarte energía. Volviendo al ejemplo, lo que se debe hacer es cambiar el tono de los pensamientos, pero eso no se conseguirá de la noche a la mañana, se necesita entrenar la mente para lograrlo.

En un caso como este, probablemente cada vez que la persona vuelva a tomar el auto vendrán pensamientos para que tenga cuidado y no se repita lo mismo de nuevo. En esos momentos, todo lo que piensa, además de ser inútil, lo acaba atrayendo, pues le da más fuerza al miedo.

Aquí es cuando se debe intervenir y hacerse consciente de los pensamientos, y ya que no los puede parar, al menos puede cambiarlos por otros que sí la conduzca a un buen lugar. Por ejemplo, podría pensar en todos los momentos en los que condujo y llegó al destino sin ningún percance, o en aquellos en los que se fue de viaje, la idea es anclarse a una emoción de alegría y de disfrute.

De esa forma será capaz de pensar en lo positivo que puede ser conducir de nuevo el auto y podrá disfrutar de nuevo del viaje. Sé que esto no es sencillo, requiere del entrenamiento del que ya hablamos y seguramente no lo logrará a la primera, pero es un buen recurso del que disponemos para poder cargar nuestro cuerpo de energía positiva, potenciando los pensamientos que sí conducen a un buen lugar.

Nuestra mente nos bombardea con pensamientos negativos de manera inconsciente. Como seres humanos cometemos un error y es el de estar continuamente pensando en aquello que no queremos, en vez de en lo que sí queremos.

Volviendo al ejemplo del auto, voy a ponerlo más crítico para que puedas seguir haciendo conciencia. Supongamos que ese accidente fue más grave y tuvieron que trasladar a la persona al hospital. Una vez que le hicieron pruebas, le dijeron que debía ir a quirófano porque el impacto del accidente había lesionado su columna y tenía varias vértebras rotas.

Como es de esperar, la persona se imagina el peor de los escenarios y empieza a pensar en que no quiere andar en silla de ruedas, por ejemplo. Planteo este caso tan extremo para que puedas ver hasta qué grado de inconciencia llegamos, pues lo primero que pensamos es en lo peor.

Si en esos momentos esa persona piensa en que la operación saldrá bien, en que se va a recuperar, seguramente, gracias al poder de su mente, acabe saliendo todo mejor de lo esperado.

Todo radica en la forma de pensar. Todo lo que puedas controlar tu mente será beneficioso para ti y acabará mejorando tu vida. Es cuestión de perspectiva y desde qué punto miras las circunstancias que se te presentan.

Debes empezar a controlar tu mente para no dar crédito a todos los pensamientos que por ella pasan, pero no eliminarlos, eso sería contraproducente ya que están asociados a las emociones y a ellas no debes bloquearlas, al contrario, debes sentirlas. Controla tu mente y tus pensamientos y toda tu vida cambiará radicalmente.

10

Ego, la máscara de la infelicidad

« *El ego es como tu perro. El perro tiene que seguir al amo y no el amo al perro. Hay que hacer que el perro te siga. No hay que matarlo, sino que domarlo».*

Alejandro Jodorowsky

Él es nuestro pequeño gran enemigo, el que nos acompaña toda la vida. El ego es como una gran roca que te impide disfrutar de la vida desde tu verdadera esencia, desde tu ser.

Es el encargado de crear diferentes máscaras de acuerdo con la situación que se te plantee en un determinado momento. Si sales con amigos, mostrará una cara y actuará según el papel, pero si estás con tus padres, será otra diferente y si estás en el trabajo, una totalmente distinta a las anteriores.

Todo esto lo hace para mostrar en el exterior alguien que no eres, él crea historias que tú te crees y las hace convincentes para que no resulten incongruentes cuando te expreses.

En algunas circunstancias, las personas lo hacen para aparentar ser más de lo que realmente son, aparentan tener mayor riqueza de la que realmente poseen, dan versiones de historias pasadas basadas en sus creencias sin dar lugar a que nadie más pueda opinar sobre ellas o describen un futuro ilusorio para sorprender a los demás. Pero, aunque crean que conseguirán impresionar a los que los rodean, es algo que está muy lejos de la realidad.

Tarde o temprano los demás acabarán descubriendo que estás creando tu propia película y, como bien dice la frase, cae antes un mentiroso que un cojo. Además, y más importante aún, cuando tu ego quiere mostrar algo que no eres, causas rechazo en las demás personas.

Esto se debe a que tu ego no permite que tu niño interior se exprese, él diría las cosas tal como son sin tratar de aparentar para luego tener que rectificar.

Cuando el ego desaparece, nos mostramos en esencia y revelamos quien verdaderamente somos, con nuestras heridas emocionales, nuestros fracasos y sufrimientos.

Desde ese punto, logras conectar con la persona que tienes delante, porque, aunque no esté o no haya pasado por tu misma situación, conectará contigo y se abrirá también ante ti de corazón. Lo puedes ver en la calle, cuando dos niños se juntan, siempre acaban conciliando. Eso pasa porque demuestran quienes son verdaderamente, sin prejuicios ni rechazos.

El ego necesita alimentarse y eso lo consigue gracias a que tú no te enfrentas a él, él cuenta esas historias que lo hacen tan feliz y a ti te dejan con el pecho hinchado de orgullo. De esa forma, acabas creándote más y más corazas, hasta un punto que te será cada vez más difícil encontrar a tu niño interior, mostrarte vulnerable y acercarte a tu bienestar y felicidad.

Todas esas corazas que vas creando a lo largo de la vida lo único que hacen es alejarte del éxito, que simplemente es tu estado de bienestar.

En principio, cuando tu ego sale a relucir para contar historias, en ese preciso instante, sientes una sensación de bienestar increíble, pues tu dopamina se alimenta de esas situaciones y esta es unas de las principales hormonas asociadas a la felicidad.

Pero eso, a la larga, es perjudicial, pues más adelante te harás preguntas como: «¿Para qué conté eso sí sé que no es verdad?» o «¿creerían lo que dije en ese momento?». Tarde o temprano, toda tu historia se derrumbará y acabarás sufriendo más de lo debido.

El ego lo que pretende es alejarte de la posibilidad de mostrarte vulnerable y que no sufras. Pero, para poder alcanzar tu estado real de bienestar y felicidad, debes pasar por momentos de dolor y sufrimiento, pues debes transcender aquello que los ocasiona y valorar quién eres realmente.

La felicidad completa se alcanza cuando dejas tu ego a un lado y te muestras realmente como eres, con tus virtudes y defectos.

Observa a los niños, preferiblemente menores de seis años para que aún no estén muy condicionados. A ellos les da igual mostrarse de una forma o de otra, se presentan tal y como son, y no les importa lo más mínimo lo que tú puedas pensar.

Si tienen algo que decirte acerca de la ropa que llevas en ese momento o de que les pareces mayor, te lo dirán sin rodeos, porque sus palabras no tienen malicia alguna, las expresan desde el corazón.

Veamos otro ejemplo, ahora ese niño ha crecido y en este momento tiene cuarenta años. Es tu amigo e hicieron planes de ir a pasear. Puede que su ambiente familiar no sea el más agradable, que tenga problemas con su mujer, que no soporte su trabajo, o que, como en el caso anterior, le pareces mayor. Bueno, quiero ir paso a paso para que puedas ver cuándo aparece el ego para protegerlo.

Tanto tú como él tienen suficiente confianza, pero no han trascendido el ego, y sus niveles de conciencia son más bien bajos. Por su cabeza pasan todas las dificultades presentes en su ambiente familiar, pero el ego, en este caso, oculta la información, la adorna para que no parezca que le va mal o simplemente echa basura encima de ellos.

En todos los casos es el ego quien se manifiesta. Cuando oculta la información, lo hace porque no quiere mostrar su vulnerabilidad, quiere protegerlo. Con eso, como decía antes, lo único que consigue es apartarlo cada vez más de su bienestar.

Cuando adorna su ambiente familiar describiendo uno que no es real, usa otra máscara para no mostrar vulnerabilidad y no contar las cosas como realmente son. Y, por último, cuando despotrica contra sus familiares, muestra otra máscara, pero si realmente fuese más consciente sabría perfectamente que sus familiares son una proyección de él, ellos sólo le muestran situaciones para que él pueda aprender.

Pero como el ego aparece, no se permite invertir tiempo para reflexionar y, en vez de pensar que la solución la tiene en sus manos, acaba echando los balones fuera y culpa a los demás.

Como ves, el ego tiene innumerables máscaras y crea capas y capas para no mostrar tus vulnerabilidades y no revelar quién eres realmente. En el ejemplo de tu amigo, pudimos ver como se presenta de diferentes maneras en función de la conveniencia del momento, y sólo hicimos el ejercicio con su ambiente familiar.

Tienes que tener claro que cuando el ego desaparece, aparece el amor, la compasión y la bondad. Eliminas todas las máscaras y personajes que te has ido creando a lo largo de tu vida y conectas mucho más con las personas, pues te perciben natural, tal como eres y desde tu lado más emocional.

La principal función del ego es hacerte creer y exhibir alguien que no eres, pero en realidad cuando conectas con tu ser interior, con tu esencia, demuestras tu valor real, sin necesidad de querer ni tener que aparentar algo irreal.

Cuando eres consciente y dejas a un lado al ego, es cuando empiezas a disfrutar de verdad de tu vida, ves a las personas como seres llenos de paz y alegría, no quieres enfrentarte a nadie y sabes que la verdad absoluta no existe, por eso no procuras tener la razón, le das más importancia a tu paz.

El ego es el encargado de que mientas con tal de estar supuestamente feliz y contento, pero lo único que hace es barrer la basura debajo de la alfombra, y cuanto más tiempo pasa, más suciedad se acumula, luego es mucho más difícil de limpiar, pues ha quedado incrustada.

Debes valorar el hecho de haber venido al mundo sin ninguna máscara y mostrarte tal cual eres, siendo honesto y empatizando con las demás personas.

Es más, no existe ningún enemigo en tu vida, sólo tu ego. Cuando lo desenmascaras, sabes cuándo y en qué momentos actúa para protegerte y puedes actuar de un modo que no le permitas expresarse, así alcanzas la sabiduría.

Tú, tal como eres, sin enmascarar tu verdadera personalidad y sin poner filtros, eres muy valioso. El ego está ahí para mostrar algo irreal, pero no lo dejes actuar.

Además, no solamente te hace aparentar algo y alguien que no eres, sino que siempre quiere decir la última palabra y tener la razón.

Desde el momento que seas capaz de ganarle la partida a tu ego en este juego de la vida, partirás con una gran ventaja para la meta de alcanzar tu bienestar. Tu ego mira hacia el exterior para alcanzar la felicidad, cuando lo único que debes hacer es mirar hacia tu interior para lograrlo.

No existe nada más que eso. Lo externo lo mirarás condicionado por tu sistema de creencias, y el ego, para mostrarte lo que deseas ver realmente, te dará siempre la razón para que te sientas mejor.

Pero esto está muy lejos de la meta de alcanzar tu estado del ser, que no es otra que eliminar el posible ego que puedas albergar y mirar hacia tu interior, allí es donde realmente encontrarás la paz y la felicidad. El ego es el encargado de alejarte de ella.

11

Mente abierta

«La capacidad de participar en milagros, verdaderos milagros en tu vida, ocurre cuando abres tu mente a tu potencial ilimitado».
Wayne Dyer

Este capítulo está muy relacionado con el apego y las suposiciones. Cuando carecemos de toda la información de alguna situación, podemos actuar de manera equivocada.

Existen mil y una formas en las que las circunstancias pueden presentarse. Y no debes dar por sentado lo que puedas estar pensando en un momento determinado acerca de una situación que se te presente en tu vida, debes expandir tu mente y verla desde diferentes perspectivas, si no lo haces de esa manera, probablemente lo que conseguirás es sufrir.

Para poder tener una mente abierta debes permanecer en un continuo aprendizaje, puedes encontrar cosas nuevas de cualquier persona que se cruce en tu camino, en una lectura o formación o de situaciones determinadas que acontezcan en tu día a día.

Una vez que comienzas a ver la vida desde otra perspectiva, empiezas a desarrollar un componente crítico que proviene del corazón, tendrás más información de la que tenías cuando no aprovechabas estos recursos e intentabas obtener diferentes aprendizajes de todo aquello que te acontecía. Incluso tu visión, en determinadas circunstancias, puede ser el permanecer en silencio, al poseer mayor sabiduría sabes en qué momentos debes intervenir y en cuáles debes mantenerte al margen.

Con esto quiero decirte que tu carácter crítico pasará de una versión egocentrista a una natural en la que no deseas tener la razón. Quieres tener la razón debido a las creencias limitantes que has ido guardando en tu subconsciente, la mayoría de ellas hasta la edad de siete años.

Entonces, si no decides poner manos a la obra en tu desarrollo personal y crecimiento espiritual, seguirás abordando cualquier situación desde una perspectiva limitada, pues careces de mucha información, solamente tienes aquella que te han enseñado tus padres, en su mayoría, diferentes familiares o en la escuela.

De modo que, es necesario que estés en continuo aprendizaje para que puedas ser una persona más completa. No tiene que ser mediante libros o formaciones, los cuáles son un gran recurso, sino a través de situaciones que se te presenten en la vida o de personas que aparezcan en un momento determinado.

Incluso, como dice un buen mentor, el mayor maestro que tenemos duerme a nuestro lado: tu pareja. De ella es de quien más tienes que aprender, pues refleja cosas de las cuales careces y que podrías desarrollar para ser un ser más completo.

Este punto quizá sea el más complicado de asimilar, ya que ambas personas que conforman la pareja tienen sus propias creencias y eso puede ser motivo de conflictos si no se tiene una mente abierta y se sabe que puede haber muchas maneras de hacer las cosas y que se presentan de determinada forma para que puedas aprender algo, no para que las juzgues.

Te voy a dar un ejemplo sencillo. Uno de los componentes de la pareja hace el arroz de una determinada manera, seguramente aprendió la forma en la que lo hacían en su casa cuando era pequeña. Entonces, cuando llega la otra persona a la cocina y ofrece una sugerencia para hacerlo de otra manera, pueden presentarse diferentes maneras de ver las cosas.

La primera es que la persona que está haciendo el arroz lo tome como una ofensa y piense que, en vez de estar haciéndole una sugerencia, se le está imponiendo hacerlo de otra forma, si fuera así, eso llevará a un conflicto debido a que su ego se siente atacado.

Si ella siempre hizo el arroz así, para qué cambiar la forma de hacerlo, eso reflejará una suposición, ya que la otra persona se lo decía con buena intención, pero la otra no se lo ha tomado demasiado bien.

Otra forma de verlo podría ser que la persona que entra en la cocina no haga sugerencias, sino que, más bien, quiere que lo haga de otra manera. En este caso, la persona que está haciendo el arroz puede tomárselo a mal ya que se trata de una imposición y eso hiere su ego, entonces, con toda la razón, explota y se genera una situación de conflicto.

Estas dos formas denotan una mente cerrada en la que, tanto uno como otro, quieren tener la razón siguiendo sus patrones y esquemas mentales que denominamos creencias.

La última, y la más sana, sería escuchar con el corazón para obtener un aprendizaje, de esta forma la otra persona recibirá la sugerencia de muy buena gana.

Volvamos a la situación, la persona que entra en la cocina hace la sugerencia para hacer el arroz de otra forma y la persona que lo está haciendo lo toma de buen agrado, entiende que hay muchas posibilidades de hacer el arroz.

Puede que se haga en ese mismo momento y se cambie la forma de hacerlo, o que quede como una sugerencia para una posterior comida. Pero puede darse la situación de que el que entra en la cocina no sugiera, sino que imponga que se debe hacerlo de otra manera dejándose llevar por sus creencias.

Pues bien, al contrario de la forma anterior, si la persona que está haciendo el arroz tiene una mente abierta, puede que perciba que de otra manera queda incluso mejor, y que la persona hizo una sugerencia en vez de querer imponerse, incluso puede que se pongan a cocinar juntos.

Este último ejemplo, además de reflejar que la persona que está cocinando el arroz tiene una mente abierta y que acepta la situación, pues sabe que puede obtener un aprendizaje sin importarle cómo se hayan dirigido a ella, desarrolla su sabiduría ya que ha hecho ese acto con amor, sin importar lo externo, sólo mirando su interior.

La persona que impone cómo se debe hacer el arroz, quizás, a la larga, percibirá esa forma de actuar y eso lo llevará a tener una mente más abierta para hacer sugerencias en vez de imponerse siguiendo sus creencias.

12

Cambiar el estado de conciencia

«La conciencia es la luz de la inteligencia para distinguir el bien y el mal».
Confucio

Para poder llevar a cabo un proceso de transformación y desarrollo personal y espiritual para alcanzar el bienestar y la felicidad, es necesario que eleves tu estado de conciencia, que a tu subconsciente lo hagas cada vez más consciente.

En tu subconsciente se albergan todas esas creencias que, en su mayoría, han sido absorbidas durante la niñez, cuando no se tenía un escudo que nos protegiese para valorar lo que podía servir y lo que no.

Pero ahora, que somos adultos, es necesario que nos hagamos conscientes de todas esas creencias que no nos sirven para progresar y que, incluso, nos hacen retroceder y acaban alejándonos cada vez más de nuestro bienestar.

Para poder ser más consciente de aquello que te hace progresar y de lo que te frena en la consecución de tu felicidad, debes vivir en el presente para que puedas darte cuenta de cuáles son esas cosas. El hecho de decir: «Voy a ser más consciente» no cambiará las cosas. No, debes saber que, si continuamente estás viviendo en tu mente, reviviendo situaciones pasadas o visionando las futuras, eso te alejará cada vez más de un estado consciente.

En el presente se alberga toda tu esencia y todo tu ser, ese que lo único que quiere es hacerse cargo de todas las situaciones que se presentan delante de ti, que puedas saber qué decisiones debes tomar para poder alcanzar el bienestar, aquellas que harán que progreses y que tengas un mejor futuro.

Esas decisiones llenarán tu karma de manera positiva y, en un futuro, atraerás cosas buenas a tu vida, por el sólo hecho de tomar las decisiones correctas en el momento presente.

No puedes seguir tomando decisiones de acuerdo con respuestas antiguas, eso lo único que ha hecho es que seas la persona que eres actualmente, necesitas salir de ese bucle, mejorar y progresar, eso sólo lo consigues elevando tu estado de conciencia, tomando decisiones conscientemente.

El estado de conciencia en el que te encuentras actualmente determina tu calidad de vida, habrá situaciones en las que no actúes de la mejor manera posible, pues te faltan recursos para hacerlo.

Quizá tienes opciones limitadas a la hora de afrontar tu vida y las circunstancias que se te puedan presentar porque estás basándote en creencias que se albergan en tu subconsciente y que restringen tu posibilidad de ver otras opciones para responder ante ellas.

Cuando elevas tu estado de conciencia no te comparas con nadie, entiendes y respetas a las personas y consideras que tú y ellas son lo mismo, más allá de que sepas que, en tu estado de sabiduría, tu conciencia sea más elevada que el de la persona que tienes en frente. Ese es uno de los principales motivos y objetivos de cambiar tu estado inconsciente y hacerlo consciente, pues gracias a ello podrás mirar como lo hace un niño, sin juzgar ni criticar.

Así tendrás más recursos de los que disponías antes, cuando actuabas de manera inconsciente y estabas condicionado por tu ego. Eso hacía que te perturbaras y sufrieras ante diferentes situaciones porque creías que tenías la verdad absoluta, y eso no te permitía ver más allá de lo que estabas pensando.

Eso lo único que hace es llevarnos hacia situaciones de conflicto. Una vez que eres más consciente de tus decisiones sabes que hay infinidad de formas para resolver una situación y que no existe una verdad absoluta.

Te muestro un ejemplo simple. El ayuno intermitente últimamente se ha puesto bastante de moda. Es un recurso muy interesante para mejorar la salud, aunque la información se ha mal interpretado y se utiliza para perder peso, pero este no es el mejor recurso para lograrlo, ya que, si no consumimos menos energía de la que gastamos en nuestro día a día, de nada servirá que hagamos ayuno.

Pues bien, más allá del objetivo y el fin por cual se utilice, la persona completamente consciente que hace un ayuno porque percibe que le sienta mejor se nota más enérgico, pues deja reposar a su sistema digestivo y eso permite que su organismo pueda dedicar recursos que estarían implicados en la digestión para hacer otras tareas en el día.

Otra persona no tan consciente, amiga de la que hace ayuno y que desde que era pequeño en su casa le dijeron que el desayuno era la comida más importante del día, cuando surge la conversación de que el primero está haciendo ayuno, sin mayor explicación este amigo, que lleva toda su vida desayunando, se enfrentará a él diciéndole que no puede dejar de desayunar, pues es la comida más importante del día y que eso le generará problemas de salud.

Da igual los motivos que se le puedan explicar del por qué hace el ayuno y lo bien que le sienta, la otra persona, al tener esa creencia albergada en su subconsciente y no tener una visión más amplia de la realidad, se aferrará a ella y calificará de locura lo que está haciendo su compañero.

Como ves, en este ejemplo sencillo se puede ver hasta qué punto nuestro estado de conciencia puede limitar nuestras decisiones, llegando incluso a valorar un simple hecho como algo que está fuera de lo normal.

Un ejemplo muy típico, y que puede que lo hayas leído en otros libros o escuchado en algún video o *podcast*, es todo lo que tiene que ver con la riqueza y el dinero. Desde muy pequeños puede que tus padres te hayan dicho que el dinero no crece en los árboles y que hay que tener suerte para ganarlo.

Esta creencia depositó una semilla en ti y muy probablemente ha ido creciendo con el paso del tiempo. Eso ha hecho que, si ves una persona rica, la juzgues y pienses que algo deshonesto ha tenido que hacer para poder conseguirlo, pues «el dinero no crece en los árboles».

Al no haber elevado tu nivel de conciencia, esa creencia que has tenido durante tantos años ha hecho mella en ti, y hace que no valores más situaciones de aquellas que para ti crees que son la verdad. Debes tener en cuenta que hay infinidad de formas de ver una situación determinada.

En cuanto a los ricos, yo tenía el mismo pensamiento, en mi casa se pensaba y decía lo mismo y hablar de riqueza era sinónimo de ruin y avaro.

Con el paso del tiempo e invirtiendo tiempo en mi desarrollo personal y espiritual, ahora pienso que los ricos no son malos, hay buenas y malas personas y el dinero acrecienta más aquello que ya eras antes de tener dinero.

De modo que, para poder ser una mejor persona debes elevar tu nivel de conciencia y empezar a valorar más realidades de las que puedes ver actualmente, de otro modo no te convertirás en una persona asertiva, y si algo no es igual a lo que tú piensas, acabas por rechazarlo y criticarlo.

Ojalá el mundo tuviese mayor conciencia de la que hay, si así fuera, muchas de las injusticias que existen actualmente como guerras, hambrunas o pobreza extrema, se acabarían.

Es necesario que cada uno haga su parte de manera individual y así favorecer al colectivo, cuando elevamos nuestro nivel de conciencia individualmente, estamos influyendo en el colectivo directamente.

Es un paso necesario y a la vez intenso, pues debido al bajo nivel de conciencia, si como individuo deseas elevar tu conciencia y sugerir nuevas creencias, te toparás con personas reacias a tu nueva postura porque hasta ahora no eras así.

Simplemente, durante tu camino de desarrollo personal y espiritual debes marcarte como objetivo ser un ejemplo para el resto y quien quiera seguirte, lo hará, y quien no, acabará yéndose por otro camino.

Valora el hecho de que estás en un proceso en el que la mayoría de las personas no quieren involucrarse, pues es chocar de frente contra su realidad y empezar a integrar que hay infinitas posibilidades de percibir la vida.

Como dije, es un proceso intenso, pero a la vez sanador, verás las situaciones como si tuvieras una vista aérea y serás consciente del porqué de las situaciones.

Además, cuando veas que algo es errado, permanecerás en silencio y no entrarás en conflicto, simplemente fluirás y aceptarás la situación, pues ya no te interesa tener la razón, por encima de ello, sólo quieres ser una buena persona.

Al obrar de esta forma, estarás acumulando buen karma, quizá no recibas el resultado de tus buenas acciones de manera inmediata, pero tarde o temprano acaban apareciendo circunstancias en tu vida que te acercan al bienestar y la felicidad, producto de que lo único que deseas es ver a las personas felices y no enfrentarte a ellas.

Eso es como una semilla, a primeras no ves que crezca nada, pero de repente empieza a salir la planta y, con el tiempo, se convierte en un árbol precioso.

Para conseguir cualquier objetivo que te propongas es necesario que apliques esto en tu vida: cambiar tu estado de conciencia actual. Existe una frase que nos dice que en donde hay resultados que tú no tienes, hay información que desconoces.

Conseguirás cambiar eso en gran parte haciéndote más consciente de tu realidad y sabiendo dónde tienes que buscar esa información que no tienes actualmente.

Para poder elevar tu nivel de conciencia es necesario que te involucres realmente en ello, será como un reseteo de tu mente y empezar a construir una nueva y más eficiente. Habrá situaciones que te parecerán insólitas y que antes no las hacías así, empezarás a actuar de manera diferente y más emocional, mostrando tu vulnerabilidad y obrando desde el corazón. Todo lo podrás conseguir a través de libros, formaciones y con la meditación.

De los libros obtienes grandes recursos e información de personas con suficiente experiencia en el tema, no solamente de manera teórica, sino también práctica, pues un libro de desarrollo personal y espiritual que haya escrito un autor que te hace pensar de manera diferente, ten por seguro que él ha pasado por el proceso para poder explicar y exponer su sabiduría de la manera más precisa posible.

Es un viaje que requiere que des todo de ti, te puede llevar más o menos tiempo, pero lo conseguirás si pones todo de tu parte, no lo dudes.

En las formaciones también obtendrás información verídica y de primera mano que te proporcionará los conocimientos oportunos para llevar a cabo ese cambio de conciencia. Además, en las formaciones estarás rodeado de personas que se encuentran en el mismo punto que tú, buscan el mismo objetivo y eso hará mucho más sencillo y llevadero el proceso.

En cuanto a la meditación, es un proceso indispensable para llegar a ser más consciente. Es el mejor recurso que tenemos para poder conectar nuestro hemisferio derecho, el emocional y en el que se alberga la información de manera inconsciente, con nuestro hemisferio izquierdo, el racional y puramente estadístico.

Al conectar los dos hemisferios de manera eficiente, empezarás a actuar de manera más coherente y consciente, comenzarás a tomar mejores decisiones y a expresarte desde el corazón, pues tu lado emocional estará más activo.

Como comenté en el capítulo de la meditación, quizás ahora no tienes la situación de vida más idónea para poder sentarte a meditar, pero el simple hecho de hacerte más consciente de cómo caminas, cómo comes o cómo lavas los platos, ya es un gran paso y estas actividades se consideran también un tipo de meditación.

Lo importante es que estés cómodo a la hora de realizarlo para que puedas aplicarlo siempre.

13

Amar para ser amado

« *Sólo hay una felicidad en la vida: amar y ser amado».*

George Sand

Para alcanzar el bienestar y la felicidad completa, debemos sentirnos amados. Pero no se trata de sentirse amado por alguien, sino por ti mismo.

Cuando te amas realmente, con tus imperfecciones que, al fin y al cabo, no dejan de ser meras ilusiones por compararte con otras personas, alcanzarás un verdadero estado de dicha.

Es decir, cuando te amas de corazón sabes que tú eres un ser perfecto y que has venido a este mundo de esa manera porque, si fuera de otra, no serías la misma persona con el mismo potencial para poder vivir la vida de manera plena.

Cada día, cuando te despiertes, agradece el hecho de poder disfrutar otro día más, de haber podido dormir en una cama que es la mejor que puedes tener en ese momento, luego dirígete al espejo y ámate de verdad, tanto tu apariencia exterior como tu interior.

Di para ti palabras como: «Me acepto, me aprecio, me amo». Eso crea un estado de bienestar en tu cerebro. Inicialmente te costará, ya que puede que pienses que eso no lo hace una persona normal, pero te pregunto, ¿qué es normal y qué no lo es?

Por ejemplo, para algunas personas el hecho de fumar es algo normal y natural, incluso en algunas poblaciones es normal el hecho de que existan guerras. Entonces, si quieres amarte de verdad, utiliza el recurso del espejo, eso te empoderará y será gratificante.

Como he dicho, al principio puede que utilizar esta técnica te resulte extraño, pero con el paso del tiempo tu mente lo catalogará como normal, e incluso, cuando no lo hagas en la mañana, te obligarás a hacerlo en otro momento.

Es decir, puede que no lo hagas a primera hora de la mañana porque se te pasó o porque no pudiste, entonces, busca cualquier momento idóneo del día para poder hacerlo, es una herramienta que te lleva muy poco tiempo y hará que fluyas con la vida y que te ames de corazón.

En primera instancia, tu mente te saboteará con pensamientos como el que no es algo normal, pero eso es lógico. Es más, lo peor que va a hacer tu mente y tu ego es decirte que no vales lo suficiente como para dedicarte esas palabras a ti mismo.

Es muy complicado al principio, entras en un estado de conflicto interno, pues estás exteriorizando palabras que realmente no son lo que realmente estás pensando, de modo que no tendrán demasiado efecto en ti.

Pero no desistas, inicialmente cualquier rutina es dura y parece que no conseguimos nada, pero con la perseverancia tu mente lo acabará creyendo, entrará en tu subconsciente y tu corazón irradiará amor de verdad.

Es como cualquier otro tipo de rutina que quieras establecer en tu día a día. Por ejemplo, si nos queremos poner en forma, la mente nos sabotea con pensamientos del estilo de que estábamos mejor en el sofá, que nunca vamos a conseguir nada, pues llevamos mucho tiempo sin hacerlo o que eso no nos llevará a ningún lado.

Pero una vez que pasamos esa meseta de resistencias, luego todo se hace una rutina e, incluso, los días que no puedes hacerlo, lo echarás de menos.

Volviendo al tema de amarte, una vez que lo consigues realmente y de corazón serás como cuando eras un bebé y no te importaba lo que pensaban de ti, te amabas tal cual eras.

Eso es lo que debemos buscar una vez que somos adultos: amarnos sin juzgarnos, pues cuando lo hacemos, los demás proyectan nuestros pensamientos y debilidades y seremos juzgados de acuerdo con ellos, se convierte en un círculo vicioso, pues al pensarlo tú y no valorarte lo suficiente, las demás personas lo corroboran diciéndotelo o pensándolo y criticándote a tus espaldas.

Pero sólo se trata de un reflejo directo de lo que estás pensando sobre ti mismo, no de los pensamientos de otra persona. Es decir, si tienes pensamientos negativos hacia ti, eso mismo pensarán las demás personas de ti y te lo confirmarán, pero también aplica, al contrario, si tienes pensamientos de amor hacia tu persona, eso es lo que pensarán los demás de ti y obrarán en consecuencia.

Y en el caso de que alguna persona piense algo diferente, estarás tan orgulloso de ti que no te importará en lo más mínimo su comentario. Cuando esto sucede, simplemente es para ponerte a prueba y que valores realmente lo fuerte que has logrado hacerte.

Una vez que consigues estar en ese estado de fluidez en el que te amas de corazón, entonces es cuando puedes amar realmente a los demás, porque darás la totalidad de tu ser. Mientras no te ames a ti, no podrás amar a los demás como es debido.

Se trata de un círculo vicioso en el que, si no puedes amarte, no amarás a los demás y ellos no te amarán a ti, con el consiguiente estado de sufrimiento de tu parte porque empiezas a no sentirte amado en cualquier situación, ni por tu parte ni por los demás.

De modo que debes tener en cuenta que para que los demás empiecen a valorarte como la persona magnífica e impresionante que eres, debes empezar a creértelo tú primero. Mientras tanto, sólo obtendrás a cambio aquellos juicios que tienes para ti mismo.

Amarte a ti mismo no es ser vanidoso ni narcisista, simplemente es volver a ser como cuando eras un niño pequeño y te amabas desde el corazón, sin intención de aparentar ni demostrarle nada a nadie. Cuando llegas a amarte de esa forma, las demás personas no lo percibirán como algo malo y no te calificarán de vanidoso.

Una vez que llegas a ese estado de amor por ti mismo, desde tu interior hacia tu exterior, es cuando puedes empezar a amar a las demás personas desde lo más profundo de tu corazón. Esta es una condición indispensable para conseguir el bienestar, la alegría y la felicidad.

Como lo expreso en el título de este capítulo, se debe amar para ser amado, pero no se puede amar sin antes pasar por el estado de amarse a uno mismo completamente. Y al mismo tiempo, debes amar a los demás para ser más amado todavía. Es como el cuento del huevo y la gallina, no se sabe quién fue primero, pero que uno no se puede dar sin el otro.

Una vez que te has habituado a amarte a ti mismo de corazón, cuando ya lo tienes instalado en tu mente como algo natural y sabes que eres una persona maravillosa y especial que has venido al mundo para ser tú y nadie más y desde ahí alcanzar tu estado de dicha, entonces deberás trasladar todo ese amor a las demás personas. Amarlas desde el corazón e incondicionalmente, sin importar lo que puedan o no hacer.

Deseo que tengas muy en cuenta esto último, porque en la sociedad actual se ha catalogado y tergiversado la palabra amar. Amamos, sí, pero con condiciones. Si la otra persona hace algo que no concuerda con nuestros pensamientos, creencias y deseos, sentimos ira y rechazo hacia ella.

Por eso es necesario que, como tú que te amas sin condiciones de ningún tipo, actúes de igual forma con las demás personas. Recuerda que todos lo hacen de la mejor manera que saben, y tú, que has elevado tu estado de consciencia y sabes que debes amar sin condiciones, tendrás que actuar en consecuencia.

Además, eso depositará una semilla en las otras personas, y sabrán que tu amor hacia ellas es incondicional. Quizá te estarás planteando que si actúas de esa manera las personas se aprovecharán de ti porque, independientemente de lo que hagan, tú tendrás siempre una sonrisa y sentirás amor hacia ellas. Pues no, se trata únicamente de tus percepciones.

Si actúas coherentemente con lo que estás pensando y eso está alineado con tus valores y principios, por muy mala que pueda ser una situación o que continuamente te estén fallando, no la percibirás como negativa, sino como algo que tiene que suceder para aprender de ello y trascenderlo, y así ser una persona mejor.

Con esto no quiero decir que no te afecten algunas circunstancias que se te presenten en tu vida, aunque ames incondicionalmente, siempre habrá dolor y sufrimiento en ellas.

Esto es necesario porque ellas te permiten aprender y progresar, sin estas situaciones estarías siempre en el mismo punto. Es decir, más allá de que una circunstancia te pueda afectar más o menos, desde un estado de amor incondicional, amor infinito por ti, sabrás transcender esos momentos y catalogarlos como algo positivo.

Debes grabar la palabra incondicional en tu mente tanto para sentir el amor hacia ti como hacia los demás. Así, en ese estado de amor, serás un ser que irradia alegría y paz y, cuando menos te lo esperes, las demás personas mostrarán su amor incondicional por ti.

Este es un proceso por el que debes pasar, igual que al principio de este capítulo cuando hablamos que el amarte a ti mismo y el posicionarte delante del espejo y dedicarte palabras bonitas sería un proceso intenso, así sucederá de la misma manera con las demás personas.

Hasta ahora puede que como no tenías en cuenta el amor infinito hacia tu persona, los demás proyectarán eso en ti de la misma manera y te amarán con condiciones, de modo que, si no actuabas de tal o cual forma, te llegaban a odiar. Pero eso también se trata de una percepción tuya que las demás personas terminan por confirmarte.

Todo esto en un poco complejo y quizá no lo puedas comprender de inicio, yo tampoco pude hacerlo, pero con la práctica he conseguido interiorizarlo y comprender que las demás personas nos amarán en la misma medida y en la misma forma que nos amemos a nosotros mismos.

Y estando en ese estado, habrá personas que aparecerán y otras que harán justamente lo contrario, ya habrás aprendido lo que necesitabas de ellas y les habrás dado lo mejor que sabías en esos momentos, entonces las nuevas que aparezcan serán maestros encubiertos para que puedas seguir avanzando en tu camino de vida.

Lo sé, es algo profundo y, como he dicho, quizá te parezca complejo para entenderlo al principio, pero de verdad te digo, después de haberlo leído cientos de veces, no surtió el efecto esperado, aunque sólo lo entendí realmente en el momento en que lo puse en práctica.

De modo que, aunque no lo entiendas, empieza a tratar de sentir amor incondicional hacia ti y el entendimiento de esto que te digo vendrá solo, al igual que los resultados de tu cosecha, pues has depositado la semilla.

Ahora, que he expresado de la mejor manera que sé la forma de poder ser amado de verdad, voy a desarrollar la manera de amar a los demás para que eso sea recíproco.

Bueno, amar para ser amado. Nunca llegarás a ser realmente amado por los demás mientras no demuestres tu amor incondicional hacia ellos. Debes tener en cuenta que, por muy duro que pueda parecerte lo que las personas hagan o dejen de hacer, eso no puede condicionar tu amor hacia ellas.

Una vez que juzgas lo que han hecho, dejas de amarlas de verdad y dejarán de hacerlo por ti. Quizás, en un momento dado, una persona te exprese su malestar por una situación en concreto, debes saber que detrás de ese malestar y frustración puede haber una herida emocional no sanada y lo exterioriza de esa manera cuando menos te lo esperas, de la mejor manera que sabe.

Te pongo un ejemplo. Un día llegas a tu casa después de la jornada laboral, estás cansado y lo que más te apetece es tumbarte en la cama, pero, en lugar de ello, como haces todos los días, te diriges a tu pareja con una gran sonrisa de oreja a oreja para demostrarle tu amor.

Lo haces con la mejor de tus intenciones, pero ella o él no te responde de la misma forma, entonces, desde un amor condicionado, empiezas a hacer suposiciones erróneas, tan infinitas como tu mente sea capaz de imaginar: que no te ama igual, que hiciste algo para que reaccione así, que no merece que la próxima vez vayas hacia ella y que debiste dirigirte directamente a tu cama que es lo que realmente te apetecía hacer.

14

Meditación y su gran potencial para la felicidad

Este es uno de los pilares fundamentales para alcanzar la felicidad y el bienestar. Estamos en un mundo lleno de estímulos, eso hace que a nuestra mente no le sea fácil relajarse, y cuando no tienes un estímulo externo, tu cabeza hará todo lo posible por bombardearte con pensamientos de diferente índole.

Para evitarlo, es necesario incorporar la meditación en tu rutina diaria. Puede resultar un proceso un tanto tedioso e incluso un poco aburrido al principio, pues no estamos acostumbrados a permanecer en un sitio sin hacer nada, pero es algo muy necesario para nuestra salud mental y emocional, y una vez que la incorpores a tu vida te darás cuenta de sus beneficios, entonces no querrás dejarla nunca y te preguntarás por qué no había aparecido antes en tu vida.

Quizá la hayas probado alguna vez y tu sensación, al igual que como la mía cuando empecé a meditar, haya sido que era un sinsentido estar sentado sin moverse, sólo atendiendo a la meditación guiada o a la respiración. Pero tranquilo, no estás solo y no serás el primero ni el último al que le pasará eso, más aún si eres de Occidente.

Probablemente te plantees abandonarlo a las primeras de cambio, pues además de ser aburrido, no notas cambios sustanciales. Pero he de decirte que, para establecer una nueva rutina, según lo que nos dice la ciencia, es necesario practicarla al menos sesenta y seis días para que se afiance, incluso más y no los veintiún días que quizás has escuchado en algunos sitios.

Pues bien, si realmente has practicado la meditación y la has abandonado, te doy como consejo que vuelvas a retomarla, a nivel interno lo agradecerás y hará que tu entorno externo se vea influenciado gracias a ello.

Te estoy hablando con conocimiento de causa, yo también pasé por ese momento en el que quise abandonar, pero ahora mismo, si algún día no la practico, me hace falta. Yo la comparo con respirar o comer, es algo necesario para vivir.

No tiene por qué ser muy larga y durar mucho tiempo, sobre todo al principio, pues eso quizá te conduzca a fastidiarte más, y si tu objetivo era aquietar la mente y estar relajado, hará el efecto contrario.

Bueno, si lo has intentado y la has abandonado, o si nunca la has practicado, te sugiero que la incorpores en tu vida, son muchos los beneficios que vas a obtener gracias a la meditación, algunos son directos, como mejorar tu salud y tu bienestar, elementos que te acercarán a la felicidad, y otros indirectos, pues irradiarás paz y serenidad.

La puedes practicar en situaciones conflictivas y de estrés de tu vida en las que, por norma general, todo el mundo se altera. En esos momentos, te darás cuenta de que tu mente entra en un espacio de calma y no desearás confrontarte con nadie. Será algo contagioso, tu círculo cercano lo notará y tal vez te tomen como ejemplo.

Pero para que la puedas practicar de la mejor manera posible, es necesario que no sufras durante el proceso. Por ejemplo, la posición de loto para practicar la meditación es interesante, pero si en tu caso no te sientes cómodo y pasas el tiempo pensando en cuándo se acabará ese suplicio, entonces no obtendrás los beneficios que realmente deberías conseguir.

Al igual que la posición, es necesario que también adaptes su duración según el tiempo que sea mejor para ti, de nada vale que empieces por treinta minutos si te vas a quedar dormido o si a mitad de la meditación te sientes aburrido y empiezas a pensar en la lista de la compra, por ejemplo.

Para conseguir una buena meditación, sobre todo cuando te inicias en su práctica, debes buscar un lugar fresco y en el que te sientas cómodo, si puede ser sentado es mejor que tumbado, además adopta un tiempo que sea agradable para ti.

Con el paso del tiempo irás incorporando nuevas cosas, como adoptar la posición de loto o aumentar el tiempo de duración. Te darás cuenta de que no se trata de que lo quieras, sino que habrá algo dentro de ti que lo demandará.

La meditación es como ir al gimnasio y siempre hacer lo mismo, además de estancarte y no obtener beneficios, te acabarás aburriendo. Yo pasé por el mismo proceso, empecé meditando diez minutos practicando meditaciones guiadas de *mindfulness* o enfocadas en la respiración.

Luego fui aumentando gradualmente hasta llegar a los sesenta minutos diarios, que son los que le dedico actualmente. Me gustaría hacerla por más tiempo, pero como te digo a ti, debo adaptarla a mis circunstancias de vida y ahora mismo ese es el tiempo que puedo dedicarle sin descuadrar el resto de mi día.

La meditación, además de propiciarte esa paz y calma mental que necesitas, te ayudará a entrar en estados de trance y te traerá pensamientos inspiradores que surgen gracias a estar en silencio y en calma, de otra manera no conseguirías eso debido al batiburrillo mental y el continuo ruido diario. Además, serás más consciente del mundo que te rodea, pues tu mente estará relajada.

Sobre todo, este último punto es lo interesante de la meditación, ella nos saca de la mente subconsciente y nos conduce hacia la mente consciente, entonces te darás cuenta de cosas de tu realidad que hasta ese momento escapaban de tu percepción.

Miras el mundo desde otra perspectiva y estás más atento a los detalles. Nos ayuda a salir de la programación habitual a la que estamos acostumbrados y nos dirige hacia un estado completamente de la conciencia. Durante la meditación nuestro cerebro funciona realmente de una manera diferente.

Esta es la razón por la que es tan poderosa, no sólo nos relaja, no sólo se trata de que después de quince minutos de meditación la frecuencia cardíaca sea más baja, sino que en realidad estamos modificando nuestro cerebro.

Durante la meditación te conectas tan profundamente con la verdad de quién eres que dejas de ser tu cuerpo, te conviertes en un ser eterno que es perfecto, que es paz y luz.

Recientemente hicieron un estudio en el que observaron algunos genes que controlan la inflamación, luego le hicieron leer los resultados a las personas participantes y después ellas fueron sometidas a ocho horas de meditación, al final de ese tiempo su actividad genética había cambiado completamente.

En otras palabras, puedes cambiar tus genes en sólo ocho horas de meditación, de modo que eso demuestra lo poderoso que puede ser tu pensamiento en el control de tu biología. Para tener más información acerca de todo lo que la meditación puede cambiar en tu vida, te recomiendo leer el libro *Deja de ser tú*, de Joe Dispenza. Te sorprenderá todo lo que puedes llegar a ser si incorporas la meditación en tu vida.

Como ves, la meditación es mucho más que una simple técnica de respiración que te ayuda a estar más en calma, en paz y vivir más en el presente, recursos muy necesarios para alcanzar un estado de bienestar y felicidad.

La meditación va más allá de eso, te vuelves una persona completamente nueva que es capaz de conectarse con su subconsciente, eso hará que cambies patrones y creencias muy arraigadas hasta ese momento.

Debemos asumir la meditación como un entrenamiento más, siguiendo unos patrones establecidos para poder conectar realmente con tu ser. Por eso te sugiero que busques un lugar cómodo que sea un refugio en el que puedas practicarla todos los días, a la misma hora, y con un tiempo establecido.

Eso te conducirá a conseguir mayores y mejores beneficios que si la practicas de cualquier manera. Sus beneficios, como dije, van más allá del simple hecho de conseguir estar más en el presente y en paz, construirás una personalidad nueva y afianzarás tu estado de bienestar.

Si por tus circunstancias de vida actuales ves que no puedes incorporarla de esta manera, entonces te recomiendo que medites de otras formas, así por lo menos puedes ir empezando y al menos estarás más en calma y en el presente.

Lo puedes hacer durante tus tareas cotidianas como comer, conducir o caminar. Si mientras estás haciendo cualquiera de estas cosas eres completamente consciente de que las estás haciendo, sin pensar en lo que debes hacer después o en lo que pasó en otro momento pasado, calmarás a tu mente y será muy provechoso para ti, pues te ayudará a aumentar tu felicidad y bienestar.

Mientras caminas hazte consciente de cómo vas avanzando, cómo es tu pisada contra el suelo. Incluso te darás cuenta de que no caminas siempre igual. Mientras haces la comida, sé consciente de cómo llevas a cabo todo el proceso de preparación, del sonido de las tarteras mientras hierven, etc.

Mientras comes, hazte consciente de cómo pinchas la comida, cómo la cortas, cómo entra el alimento en tu boca y cómo masticas. Mientras conduces, hazte consciente de cómo tomas las curvas, cuando pisas el acelerador y el freno y cómo embragas, y mientras esperas en los semáforos, sé consciente de tu respiración y deja de enfocarte en todo el tráfico que te rodea.

El poner en práctica estos pequeños actos en tu día a día harán que tu mente esté más calmada y en paz. Son pequeños pasos meditativos que puedes integrar a tu rutina diaria mientras aún no puedas incorporar la meditación.

Algo muy importante es que cualquier situación en tu vida puedes convertirla en la mejor de las meditaciones si pones la suficiente atención y concentración. Es muy beneficioso incorporar la meditación en posición de reposo y sentado, mejor aún si es en posición de loto, controlando nuestra respiración y estando presente, vigilando nuestros pensamientos y dejándolos ir.

Pero de nada servirá que la hagamos una práctica diaria si luego no somos capaces de permanecer en el ahora, sabiendo que no existe nada más, aplicándola en cualquier situación y no dejándonos llevar por los pensamientos negativos en vez de vivir el presente.

Es decir, de nada vale que sepas que tienes dedicar quince minutos de tu día a tu meditación, si luego no eres capaz de ponerla en práctica ante cualquier circunstancia conflictiva que se te presente. Tampoco esto puede llevarte a generar un apego, es decir, si un día no puedes hacerla, que eso genere en ti dolor y sufrimiento.

La meditación, además de mejorar nuestra atención y concentración en las tareas rutinarias, sirve para limpiar el mal karma que hayamos podido haber acumulado, es decir, cualquier acción deshonesta que hayamos podido hacer, si alguna vez hemos actuado ofuscados por el odio y el rencor o si hemos criticado o mentido, por poner varios ejemplos, esas son diferentes maneras de acumular mal karma.

Si no sanamos y limpiamos esas cosas, se acumulan y vendrán de vuelta. La meditación es uno de los recursos que tenemos para poder acumular buen karma y empezar a actuar siendo más conscientes de los actos que estamos haciendo, eso indudablemente nos llevará a ser mejores personas y, por consiguiente, a ser más felices.

Además, la meditación te llevará por el camino de la verdad, de tu verdad. Tu mente estará serena y tranquila, dejará de estar condicionada por el mundo exterior y llegarás a alcanzar la plenitud y el bienestar.

15

Gratitud la gran olvidada de la felicidad

El agradecimiento es la memoria del corazón».

Lao Tse

Para poder ser realmente feliz y alcanzar el completo bienestar deberás incorporar la gratitud en tu vida. No importa si estás en una situación en la que consideras que no tienes algo por lo cual agradecer.

El simple hecho de estar respirando ya debería ser motivo de un enorme agradecimiento. No quisiera tener que recordarte que hay personas que no amanecieron para poder respirar el día de hoy, o de las que están ingresadas en un hospital porque necesitan de un respirador para seguir manteniéndose con vida.

No es necesario llegar a tales extremos para agradecer de veras que tenemos la bendición de estar respirando en este preciso instante. Debes agradecer cualquier mínimo detalle, por insignificante que te pueda parecer, piensa que eres una persona privilegiada porque hay personas que no pueden tener ni siquiera esa pequeña cosa.

El simple hecho de ser ya es motivo para agradecer. Tú eres una persona increíble, no existe otra igual, agradécelo de una vez por todas, no esperes a mañana para poder dar ese paso, después puede ser demasiado tarde.

Incorporar el agradecimiento a tu vida retrasará tu muerte, pues tu organismo entra en un estado de alegría y bienestar que hará que funcione y se desarrolle mucho mejor, además se fortalece tu sistema inmunológico.

Si algo tenía que llegarte, por ejemplo, una enfermedad, aquí tienes un recurso sencillo y gratuito con el que conseguirás esquivarla o, al menos, aminorar sus síntomas. Agradece incluso si estás atravesando una enfermedad, puede ser un maestro encubierto del cuál puedes extraer un aprendizaje.

La gratitud es un entrenamiento más que debes incorporar en tu rutina diaria. Agradece hasta por el más mínimo motivo, por ejemplo, que estás respirando en este momento, o que te has despertado el día de hoy.

Cuando empiezas a agradecer cualquier mínimo detalle en tu vida, aparecerán esas cosas que deseas ser, hacer y tener, sé agradecido en el trascurso de poder conseguirlas. Es decir, debes agradecer cualquier cosa en tu vida, también aquello que quieras ser en un futuro, todo lo que deseas hacer y tener.

Puedes llevar un diario de agradecimiento en el que escribas cada mañana, recién levantado, todas las cosas que se te ocurran por las cuales agradecer. Si te parece engorroso hacerlo por escrito, también puedes hacerlo mediante pensamientos, te aseguro que, incluso así, marcará un antes y un después en tu vida.

De todas formas, te recomiendo que lo escribas, pues el hecho de escribirlo hace que quede anclado en tu cerebro y habrá mayor posibilidad de que se materialice, existe una conexión entre la mano y la mente y eso te ayuda a no olvidarlo y mantenerlo presente.

Si prefieres, puedes escribir tres agradecimientos cada día, por muy pequeños que te parezcan y sean cuales sean tus circunstancias actuales. Esto te lleva a que, día tras día, aparezcan nuevas cosas por las cuales sentirte más agradecido.

Si estás inspirado, puedes escribir más, incluso, como te decía antes, agradece lo que eres ahora mismo, lo que haces y lo que tienes, y además agradece todo aquello que quieres ser, hacer y tener.

Agradecer cosas futuras hará que tu cerebro lo empiece a creer y buscará recursos para darte la razón por tu agradecimiento.

Incorporar la gratitud en tu día a día aumentará tu energía, irradiarás más felicidad y alegría y elevará tu nivel de dopamina. Aprenderás a agradecer cosas tan ínfimas que luego cualquier situación que te suceda te parecerá un milagro y eso te llevará a agradecer más cosas.

Es como un círculo en el que, cuanto más agradeces, más cosas aparecen. Serás un imán para atraer circunstancias bonitas a tu vida, circunstancias por las que estarás enormemente agradecido.

Además, no solamente aumentarás tu felicidad, sino que contagiarás a las personas que están a tu alrededor, pues cuando te cruces con alguien, por mínimo que sea aquello que haya hecho por ti, se lo agradecerás.

Eso quedará anclado en su cerebro y generará como un efecto de arrastre que hará que esa persona también sea más agradecida.

Además de tener en cuenta el efecto positivo que la gratitud genera en tu bienestar, también debes considerar que acumularás un karma positivo que hará que en un futuro te sientas todavía mejor y que te sucedan buenas cosas.

El ser agradecido por lo que tienes en tu vida actualmente es primordial para poder ser exitoso y feliz.

16

Vive plenamente y feliz, vive en el presente

«*Vive el momento. Sólo este momento es la vida*».

Thich Nhat Hahn

Este es un término del que mucho se habla en la actualidad, pero la realidad es que estamos totalmente desconectados e inconscientes de su existencia.

Nos pasamos la vida sin disfrutar el presente, pues continuamente estamos pensando en aquello que pasó o en lo que puede pasar. Pero para poder alcanzar la verdadera felicidad tenemos que aprender a vivir en el presente, pues es lo único que existe.

Lo que conseguimos pensando en el pasado es conectarnos con sentimientos de nostalgia por aquello que ya pasó y deseamos que se repita de nuevo olvidándonos de disfrutar el ahora, o conectarnos con sentimientos de culpa, arrepintiéndonos por aquello que pudo haber sido y no salió como queríamos, o por cosas que hicimos, pero no queremos enmendar.

Esto hace que nos desconectemos por completo de la realidad, que no es otra que el momento presente, lo único que tenemos.

Si continuamente estás pensando en el pasado, o en un futuro, te arrepentirás de no haber disfrutado lo que tienes ahora, que es lo único que puedes mejorar.

La culpa nos lleva a un estado de depresión, queriendo controlar algo que ya no está en nuestras manos. Por ejemplo, si hiciste un trabajo con el que cual no quedaste satisfecho del todo por cómo salió, no te martirices, lo hiciste lo mejor que sabías en ese momento, y esa es la mejor manera.

El problema es que tu ego te juega malas pasadas, siempre quiere hacerlo mejor basado en la comparación con otros. Ten en cuenta que debes realizar el menor esfuerzo, pero aplicando tu máximo potencial, haciéndolo así ya debes sentirte muy orgulloso, pues de esa forma estarás dando tu cien por cien en todo aquello que hagas.

Pero recuerda que tu cien por cien es variable y no siempre todo saldrá como tú esperas. Ten claro que lo estás haciendo lo mejor que sabes en cada momento y que no tienes que compararte con nadie ya que tú eres único.

Para poder vivir en el momento presente no es necesario que juzgues tu pasado, ese ya no existe. Es claro que por momentos vendrán a ti pensamientos de determinadas circunstancias o situaciones pasadas, la función principal del cerebro es pensar, de modo que es imposible que elimines esos recuerdos, pero una vez que aparezcan no los juzgues, déjalos ir, recuerda que es una situación que ya no está.

El otro caso, también muy común, es el de no vivir el presente pensado en el futuro, algo que tampoco existe y que puede o no ocurrir. Tu ego marcará unas expectativas muy altas y si al final no se cumplen, te sentirás frustrado.

Además, según las últimas evidencias científicas, alrededor del 91 % de lo que pensamos que puede pasar, no sucede. Entonces, ten en cuenta eso, por mucho que desees que algo te pase en un futuro, puede que no suceda.

Y al igual que pasa con el pasado y los pensamientos que tenemos acerca de él, sucede exactamente lo mismo con el futuro, pues es inevitable no pensar. El problema es el apego que tenemos a esos pensamientos.

Cuando continuamente estamos pensando en el futuro aparece la ansiedad, más allá de que acabe ocurriendo aquello que estamos pensando. Y el problema con ello es que, si estás apegado a tus pensamientos pasados o futuros, te olvidas de vivir el ahora, el presente, que es lo único que está sucediendo.

Pensar en algo que pasó y que pudo haber ocurrido de otra manera o querer controlar el futuro, lo único que hace es llevarnos a hacer suposiciones. En el caso del pasado, asumimos que si lo hubiésemos hecho de otra manera las cosas sería diferentes en la actualidad o simplemente no estarías pensando en eso.

Pero eso es meramente una suposición, en aquel momento decidiste actuar de la manera en la que sabías hacerlo y fue la mejor forma posible. Si hubieras actuado de otra forma, puede que tu presente actual fuese diferente, incluso peor, pero eso también es una suposición.

Toma esa circunstancia pasada como un maestro encubierto del que aprovechaste el aprendizaje para hacerlo diferente en otro momento.

No te preocupes, esto lo estoy diciendo con conocimiento de causa, a mí también me pasa. Aunque es verdad que desde que he incorporado la meditación a mi vida controlo más esos pensamientos, es casi inevitable que nos aborden por momentos.

En mi caso, me encuentro en un punto de aceptación y rendición, es decir, sé que aquello que sucede es por alguna razón y que lo bueno está por llegar. Trabajo día a día en ello, pero como la mente es racional y poco emocional, de vez en cuando me sabotea con pensamientos como:

«Si actúas así, eso repercutirá en tal asunto», o «debes hacer eso, o provocarás que te alejes de ciertas persona», o «¿por qué actúas de esa manera si antes lo hacías diferente?»; me abordan pensamientos como estos, pero cuando actúo desde la aceptación y estando en el presente, sé que como sea que sucedan las cosas está bien.

En mi caso me abordan más pensamientos futuros en los que tengo que tomar decisiones trascendentales, que pasados, es decir, siento más sentimiento de preocupación que de culpa. Lo que hago es que me coloco en el peor de todos los escenarios posibles que pudiera desencadenar esa decisión que estoy tomando, de modo que, si pasa realmente, mi mente ya lo haya asimilado.

Además, como ya dije, según diferentes estudios, uno de ellos de la Universidad de Harvard y que menciona la autora Marian Rojas, el 91 % de lo que pensamos que puede sucedernos en un futuro no ocurre, entonces ¿para qué preocuparse?

Quizás estarás diciendo: «Claro Brais, es muy sencillo leer esto, pero aplicarlo no lo es tanto». Te doy la razón totalmente, ya que no es nada sencillo poder llegar a un punto en el que seamos conscientes de que lo que nos sucede ahora en el presente es por alguna razón, y que de nada vale preocuparnos por lo que pueda acarrear tal o cual circunstancia o decisión que tomemos en este preciso momento, pues la mente continuamente nos saboteará y nos mostrará siempre lo peor.

Se trata simplemente de un mecanismo de supervivencia del ser humano para protegernos de los peligros, antiguamente se trataba de algo de vida o muerte como cuando teníamos que cazar para sobrevivir y debíamos apresurarnos y correr para librarnos de que nos atacasen otras fieras.

Hoy en día esto es casi imposible, pero seguimos manteniendo el mismo mecanismo que hace que siempre estemos preocupados por lo que pueda pasar.

Si ese es tu caso, bienvenido al club de los mortales, pues es un mal muy común. Como te mencioné, debemos elevar nuestro nivel de conciencia hasta tal punto que podamos vivir en el presente de manera permanente, sin preocuparnos por lo que pueda venir ni sentir culpa por no haber actuado de diferente manera.

Este es un mal ya establecido en la sociedad actual, sobre todo en la sociedad occidental en la que siempre perseguimos un sueño, uno que puede cumplirse o no, pero que nos hace estar en continuo estado de alerta queriendo tener todo bajo control para que sí suceda.

Pensamos que, si no realizamos las cosas como pensamos que deben ser, eso nos llevará por otro camino que no queremos y eso hace que nos preocupemos por un futuro irreal, no existe y tú no eres su dueño. Sólo eres dueño de lo que está sucediendo ahora.

Seguramente, mientras estás leyendo este libro te han abordado pensamientos como: «Por qué estás leyendo si tienes tantas cosas por hacer». No te preocupes, no estás solo en esto, todos pasamos por lo mismo. A mí, como te mencioné antes, también me pasa. He mejorado en este aspecto gracias a la meditación, pero no soy un dios y de vez en cuando también me abordan esos pensamientos.

Me suele pasar cuando creo que estoy siendo improductivo cuando, en realidad, tengo muchas cosas que hacer. En la mayoría de los casos doy fe de lo que comenta Marian Rojas, es decir, que un alto porcentaje de lo que pensamos que puede suceder, no ocurre. Pero, como ser humano que soy, también me preocupo.

Aunque he de ser sincero contigo, cuando estoy en un punto de aceptación y rendición y sé que lo que pase estará bien porque algo bueno está por llegar y que si fuerzo la situación no se daría tal circunstancia en un futuro, hace que tenga conflictos con mi círculo más cercano.

Si eso te pasa en algún momento, es totalmente natural, porque la sensación que tienen es que a pesar de que está pasando de todo, te da igual. Pero nada está más lejos de la realidad, me intereso por las cosas, aunque cada vez me preocupan menos, pues sé que si intento controlarlo todo acabo sufriendo.

Esto lo estoy diciendo porque va a llegar un momento en el que vives tanto el presente y no te preocupas ni tienes sentimiento de culpa que te mirarán como un ser extraño y no te aceptarán.

Cuando hago algún acto de buena voluntad, como recoger basura del suelo, no criticar o dar un donativo, lo hago de corazón y lo tengo más que interiorizado, pero al principio lo hacía pensando en un futuro.

Es decir, hacía cosas como estas pensando en que lo bueno estaba por llegar gracias a mis actos de bondad, de modo que no vivía en el presente mientras los realizaba, pensaba exclusivamente en el futuro y que eso me viniese de vuelta.

Está claro que todo acto que realicemos se verá reflejado en un futuro, pero no debemos pensar en ello, si lo haces así estarás obrando desde el deseo y con el fin de obtener algo a cambio, en vez de hacerlo de corazón y con toda la buena intención.

Como te comento, en mi caso, así es como lo hacía al principio. Es verdad que, para poder llegar al punto en el que me encuentro ahora, sufrí durante ese proceso de lograr la aceptación y la rendición y poder hacerlo desde el corazón, ahora me sale como un acto instintivo y de buena fe, sin esperar nada a cambio.

Si decides hacer cualquier acto de bondad esperando algo a cambio en un futuro, no funcionará, ya que el campo cuántico, el universo o como quieras denominarlo, escucha lo que sientes y si haces un acto en el presente pensando en una recompensa futura, te lo retribuirá, pero de manera contraria o no hará nada.

Cualquier acción que realices debes hacerla enfocado en el presente sin preocuparte por lo que te vendrá como recompensa. Si lo haces de corazón, no dudes de que así será, tus plegarias serán escuchadas, pero estando en el momento presente, que es lo único que existe.

Escribiendo este libro también se asoman las preocupaciones. Mi mente me sabotea con pensamientos como que no soy nadie para escribir, que el escribir libros no me llevará a ninguna parte, que muy contadas personas viven de escribir libros o que voy a defraudar a mis seres queridos.

Eso pasa por estar continuamente viviendo en un posible e impredecible futuro, sólo son suposiciones que no se han dado. También pienso en que no voy a llegar a la cantidad de público que realmente necesita leer este libro y cuando lo hago de esa forma lo que denota es que sólo estoy pensando en recibir, en vez de dar sin esperar una recompensa.

Pero cuando escribo desde el corazón, las palabras salen solas y puedo pasar horas haciéndolo sin cansarme, sin embargo, cuando Brais se pone la gorra de esperar recibir algo a cambio, me apalanco y la escritura no fluye, eso cuando no estoy en el presente y lo doy todo sin esperar nada a cambio.

Expongo mi experiencia personal para que la apliques en todo lo que hagas, para que realices las cosas pensando en el presente y las hagas de corazón, sin ver el futuro ni juzgar el pasado. Recuerda que lo único que tienes es este instante, disfrútalo.

17

Concentración y atención

«*La concentración es la raíz de todas las capacidades del hombre*».
Bruce Lee

Esto está muy relacionado con el presente. Cuando realmente eres capaz de concentrarte y atender sólo a eso que estás haciendo, entras en un nuevo universo. Es lo que denominan en Oriente como el *satori*, que significa no-mente.

Cuando estás haciendo algo que necesita de tu total atención, no piensas en nada más que en eso que tienes delante. Esos momentos son especiales y alegres, pues sacas los pensamientos de la ecuación, algo absolutamente necesario para dejar a un lado la culpa y la preocupación.

Cuando realizas una actividad que realmente disfrutas, la concentración y la atención salen de manera instintiva e inconsciente. Llegas a alcanzar un estado de éxtasis en el cual no existe nada más que el momento presente.

Esto es muy importante si deseas vivir en un estado de total bienestar, y será muy positivo si eres capaz de aplicarlo en otros ámbitos, no sólo en aquellas actividades que disfrutas. La concentración y la atención debes utilizarla en todo momento, para que tu mente no divague en cosas que no existen, como en momentos pasados o futuros.

Cuando realizas ese tipo de actividades en la que no piensas nada más, estás totalmente inmerso en el momento presente, entonces entras en un estado de *flow* (fluidez) en el que todo sale a la perfección. Tu cuerpo irradia alegría y felicidad y depositas la totalidad de tu energía en eso.

Esto es un momento difícil de describir, debes experimentarlo para poder ser consciente de ello. Párate por un momento a pensar en alguna actividad que hagas en tu día a día, o una que realices en tus momentos de ocio, debe ser una en la que seas consciente de que la llevas cabo depositando la totalidad de tus energías, sin esperar nada a cambio y sin detenerte a pensar en lo que hiciste ese día o en lo que debes hacer al finalizar, ¿la tienes?

Entonces alégrate, porque normalmente no se tienen momentos de esos, actualmente es un mal muy común el no vivir el momento presente, y uno de los motivos es el no disponer de tiempo para disfrutar de esos momentos.

Te pongo mi ejemplo. En este preciso instante, mientras escribo, me encuentro en un estado de *flow* en el que mi mente no piensa en nada más que en dar lo mejor de mí y plasmarlo en letras. Estoy concentrado y con mi atención plena puesta en la escritura, sin pensar en lo que pasó ayer ni en lo que pasará luego.

Este es un momento especial en el que no existe ni culpa ni preocupación, en el que me dedico a la escritura y la disfruto enormemente, ello me conduce a dejarme llevar y desconectar la mente de todo aquello que no sea necesario en ese momento. Me encuentro en el presente, sin pensar en nada más que esto, que es lo único que existe.

Lo interesante sería poder disfrutar de varios de estos momentos durante el día, depositar nuestra atención plena en otras actividades y que la mente no divague. Por ejemplo, mientras se está haciendo la comida, durante ese tiempo no estar pensando en lo que pasó en la mañana o lo que vendrá después de comer.

Yo me sigo pillando en interrupciones, a veces no soy capaz de realizar otras actividades con el mismo nivel de atención que consigo en la escritura, pero cada vez me hago más consciente de los momentos en los que mi mente divaga, entonces la hago regresar al presente.

Cualquier actividad que consigas hacer con total atención será muy beneficiosa para ti, no sólo por el hecho de disfrutar ese momento en concreto, sino también porque serás capaz de replicarlos a lo largo de tu día.

Esto no es sencillo de conseguir, menos aun si la actividad que vas a realizar te resulta aburrida e innecesaria, eso hace que disminuya tu atención y que tu mente empiece a divagar.

Si una actividad no te estimula, pero es obligatorio el que la realices, quizás el experimentar un estado de *flow* en otras actividades que sí disfrutas y en las que depositas tu atención te ayuden a replicar esa sensación y llevarla a cabo con un poco más de entusiasmo.

Lo que necesitas hacer en esos casos es hacerte consciente del por qué no te motiva esa actividad, una vez que lo consigas, entonces busca recursos para hacerla más motivante. Por ejemplo, en un seminario en el cual los ponentes dictan sus charlas de manera poco interactiva y no hacen partícipes a las personas, la atención decae y es limitada. En este caso, cuando tu mente empiece a divagar, puedes poner tu atención en la respiración y volver al momento presente.

Esto es a lo que me refiero cuando hablo de hacernos conscientes de los momentos en los que nuestra mente divaga. Es natural que suceda con actividades en las que no se disfruta tanto, pero si eres capaz de analizarla, podrás depositar toda tu atención y concentración utilizando algunos recursos como el de este ejemplo: la respiración.

18

Expectativas y la cruda realidad

«Cuando las expectativas de uno son reducidas a cero, uno realmente aprecia todo lo que tiene».
Stephen Hawking

Este es un mal que debes resolver para poder alcanzar el bienestar y felicidad. Es muy importante establecerse objetivos para mantenerse motivado a lo largo del camino, pero debemos estar completamente desapegados del resultado, esto quiere decir que no se debe tener ninguna expectativa de lo que pueda suceder a la hora de alcanzarlo, sea lo que sea que consigas, estará bien.

Si instauraste en tu mente que el objetivo que te propusiste alcanzar debía tener un tiempo determinado y una forma en concreto, eso es un deseo, algo que también te aleja de la felicidad.

Es necesario establecerse objetivos, algo que quieras conseguir, pero debes hacerlo desde un total desapego, sabiendo que, si no se da de la manera que tú estableciste en tu mente, estará bien, si no se dio de la forma en la que lo imaginaste, puede que aún no sea el momento de alcanzarlo y debes profundizar más en tus conocimientos y alcanzar mayor sabiduría para conseguirlo, o simplemente no está alineado con tus valores.

Por ello es necesario que, al igual que cuando estableces objetivos, o con cualquier otra circunstancia en tu vida, no sientas apego por el resultado, con eso lo único que conseguirás es sufrir innecesariamente con el consiguiente resultado de deteriorar tu salud.

Como he dicho, no practiques el desapego sólo en la consecución de tus objetivos, sino también en situaciones cotidianas de tu vida diaria. Para que seas consciente de esto te voy a poner un ejemplo.

Supongamos que quedaste con un amigo en ir al cine, pero tienes depositadas demasiadas expectativas en la compañía de tu amigo y también en la película. Las expectativas son producto de tus creencias basadas en hechos pasados.

En el ejemplo que te doy, puede que hayas visto alguna otra película del mismo género, eso da lugar a que compares y esperes algo similar, de modo que, una vez que ves la película, puedes sentirte decepcionado.

Pero la película no fue el motivo de que te sientas decepcionado, el simple hecho de haberte hecho expectativas, te ha hecho sentir defraudado. Empieza a poner en práctica el desapego en cualquier situación, no pongas expectativas y disfrutarás todo mucho más de lo que lo haces ahora.

En el caso de una película, puede que el ir a verla sin expectativa alguna logre que te sorprenda para bien y si realmente no te gustó, pues puedes elegir, entonces tampoco es que esperaras nada y, al menos, pasaste un buen rato.

Siguiendo con el mismo ejemplo, ahora hablemos de la compañía de tu amigo. Al haber salido con él otras veces, puede que compares esas otras ocasiones con la que se te presenta. Por ejemplo, tu expectativa es que después del cine vayan a tomar algo o a cenar.

Te apetece pasar un buen rato con él y charlar después del cine, como lo han hecho en otras ocasiones, pero una vez que termina la película, él te dice que prefiere irse a su casa.

Como has depositado muchas expectativas sobre el plan, entonces albergas en ti sentimientos de tristeza e ira. Al haber creado expectativas, hace que, quizás, una próxima ocasión en la que tu amigo te invite sientas resentimiento hacia él porque te dejó plantado la vez anterior.

Sin embargo, si hubieses ido sin ningún apego a un resultado específico, podrías catalogar la situación como algo normal. Quizá sientas tristeza igualmente, pues si es tu amigo es porque te apetece compartir con él, pero será un sentimiento pasajero.

Te darás cuenta de lo que sientes, pero lo aceptas y lo dejas ir. Desde un espacio de confianza en ti mismo, no te importa lo que suceda en tu exterior, ya que sabrás que todo está bien y tiene su razón de ser.

19

Valora la muerte y valorarás la felicidad

«Quien le enseña al hombre a morir, le enseña a vivir».
Michel de Montaigne

Quizás no te esperabas un capítulo como este en un libro en el que se habla sobre la felicidad y los puntos a tener en cuenta para alcanzarla.

Pues bien, para poder alcanzar el bienestar y la felicidad plena debes tener en cuenta que la vida es efímera, puede que mañana no despiertes. Por eso, es tan valioso el que agradezcas el hecho de despertarte cada mañana, de respirar y ver que tienes todo un nuevo día por delante para disfrutar.

Cuando valoras que tu vida física es un recurso limitado, empiezas a disfrutar cada día al cien por ciento, porque no sabes si a la vuelta de la esquina te quedarás sin aliento.

Cuando realmente valoras la vida que tienes y consideras la muerte como algo que sucede naturalmente, es cuando ocurre un cambio de mentalidad que te hace progresar verdaderamente hacia tu bienestar.

Con esto quiero decir que eres un ser físico limitado, ahora te ha tocado vivir esta vida así que disfrútala como bien te mereces. Lo que no quiero es que estés continuamente pensando en la muerte, no es conveniente que te obsesiones con el hecho de que tu vida es limitada, que pienses sólo en cuándo te vas a ir y dejes de disfrutar realmente el presente.

Simplemente, ten en cuenta que ahora tienes esta vida y que no sabes cuándo se va a apagar su llama, de modo que aprovéchala. Existen personas que han tenido una experiencia cercana a la muerte y luego cambian radicalmente su vida, se convierten en seres más amables y bondadosos.

Pero no es necesario que llegues hasta tal extremo para empezar a valorar tu vida y aprovecharla para no arrepentirte en un futuro.

Como he dicho, tu cuerpo físico es limitado, de modo que debes aprovechar esta vida actual de la mejor manera posible, sería muy triste, y no me gustaría que te sucediera, que tuvieras que arrepentirte por cosas que dejaste de hacer y no aproveches la vida como quieres. El único propósito de la vida es ser feliz, todo lo demás es complementario.

Cuando vives realmente, pero con un necesario respeto a la muerte, sabiendo que en cualquier momento esto se puede acabar, cambias totalmente tu mentalidad, dejas a un lado cualquier pensamiento innecesario que no te lleve a ningún lugar, sólo a vivir ansioso o sintiéndote culpable.

Para profundizar en todo lo relacionado con este tema, recomiendo encarecidamente la lectura de *El libro tibetano de la vida y de la muerte*, en él se nos muestra todo lo que tiene que ver con la muerte, lo que hay después de ella y todo lo que perjudicamos una vida posterior si no aprovechamos los recursos que tenemos en esta, limpiando nuestro karma para volver a nacer con una mejor vida en la siguiente etapa.

Volviendo al tema de tener en cuenta nuestro tiempo limitado como seres humanos, debo plantearte lo necesario que es aprovechar los recursos que tenemos actualmente para alcanzar el bienestar.

Más allá de que probablemente no todo esté a tu favor para poder alcanzarlo, ten en cuenta que estás vivo, sólo por ese motivo ya deberías ser feliz y sentirte agradecido.

La muerte es algo que deberíamos sopesar en esos momentos en los que todo parece que nos sale al revés y pensamos que hubiera sido mejor no haber salido de la cama.

En esas circunstancias es cuando debemos tener presente la muerte y valorar que, por suerte, aún disponemos de otro día más y que debemos afrontarlo de la mejor manera que se pueda, a pesar de todos los desafíos que podamos estar viviendo, recuerda que son maestros encubiertos para que podamos obtener el mayor aprendizaje posible, pero al final saldremos fortalecidos de esa situación.

En mi caso en particular, después de haber leído el libro que mencioné antes, he cambiado mi chip y mi mentalidad, sé que debo obrar de la mejor manera mientras pueda, sintiendo compasión por los demás y actuando de buena voluntad a pesar de las circunstancias.

Todo está en mi interior, desde allí se refleja todo lo que me rodea. Cuando tengo en cuenta esto, sé que estoy acumulando karma positivo que en un futuro me favorecerá. Cuando tratas la muerte como lo que realmente es y sabes que estamos en esta vida física con el tiempo justo para realizar buenas acciones, sentir alegría, ser feliz y alcanzar el bienestar, disfrutas realmente de tu estancia en la tierra.

Podría ir más allá en lo referente a la muerte y comentar más lo relacionado al libro antes mencionado, pero sólo comentaré esto: lo único que muere es tu cuerpo físico, el alma sigue existiendo en vidas futuras, continúa su evolución.

De modo que, si te cargas de karma negativo con acciones incorrectas y deshonestas o teniendo pensamientos negativos y críticos hacia los demás, eso repercutirá en una vida futura y será como un círculo vicioso, pues el karma acumulado condicionará tu siguiente vida.

Por eso, mientras puedas disfrutar de esta, hazlo lo mejor que puedas, a cada momento, no pienses tanto en el pasado, ya no existe y lo viviste lo mejor que sabías en ese momento, tampoco en el futuro, lo único que puedes hacer para poder crearlo de la mejor manera posible es mejorar tu presente, es lo único que tienes y existe.

Es sencillo decirlo, pero no tanto aplicarlo, lo sé, me siento identificado contigo, pues yo también he pasado por momentos oscuros en los que los pensamientos no paraban de atormentarme, pensamientos de culpa y preocupación que no eran más que suposiciones que lo único que hacían era alejarme de la felicidad, pero debes ser perseverante.

Pensar en la muerte, sin obsesionarte con ella, sino viéndola de manera sana, es un gran recurso, sabiendo que tienes un tiempo limitado para poder ser feliz y que puede que mañana ya sea demasiado tarde.

20

No hagas suposiciones

«Hacer suposiciones sobre algo que no sabes es una forma segura de permanecer ignorante».
Sadhguru

Un mal muy común que tiene el ser humano es: hacer suposiciones. Si una persona actúa de cierta manera hacemos juicios de sus acciones, por ejemplo, si alguien no te dijo «hola» ya por eso para ti es una mala persona.

Detrás de cualquier acción siempre hay un «para qué» y un «porqué» concreto de la persona que la realiza, no el que tú intuyes que sea. El asumir cosas lo único que logra es llevarte a hacer suposiciones, la mayoría de las cuáles son equivocadas.

Si cierta acción de una persona no te pareció bien, pregúntale directamente por qué lo hizo, seguramente, además de salir de dudas y dejar de suponer, te contestará de buena gana, pues eso denota que te preocupas por esa persona.

Normalmente, cuando suponemos lo hacemos asumiendo una perspectiva negativa, eso hace que nos intoxiquemos tontamente con pensamientos negativos que, a su vez, nos resta energía. Nos despertamos por la mañana con cierta energía, pero a medida que va pasando el día, por naturaleza, se va consumiendo la pila de la que disponemos, la necesitamos para movernos y hacer frente a las funciones vitales, si a esto le sumas el que continuamente estés haciendo valoraciones negativas, te quedarás para el arrastre y lo único que conseguirás es intoxicar tu organismo.

David R. Hawkins habla de los niveles de energía y los detalla muy bien en su libro *El poder frente a la fuerza*. Te sorprenderá saber todas las cosas que bajan tus niveles de energía, incluso escuchar cierto tipo de música.

Bueno, siguiendo con el tema de este capítulo, he de decir que el hacer suposiciones lo único que logra es que consumas energía innecesariamente, y como el ser humano no evolucionó eficientemente, muchos de nuestros pensamientos son negativos para protegernos de cualquier peligro y poder preservar la especie.

Entonces, si tu pareja no te envía un mensaje diciendo que llegó bien a su cita, tú empiezas a suponer que le ha pasado algo, pues normalmente te avisa apenas logra estacionarse. Este pensamiento empieza a germinar, te enfrascas en él, riegas esa semilla que acabas de depositar y se genera un efecto bola de nieve, porque lo que al principio era sólo una semilla, acaba convirtiéndose en un árbol enorme de pensamientos, todos ellos con connotación negativa.

Puede que sólo se haya despistado, o que se haya atascado en el tráfico más de lo habitual y haya llegado corriendo por lo que olvidó avisarte, o simplemente que se haya quedado sin batería.

Lo más lógico e interesante sería no tener ningún tipo de pensamiento, y si lo tenemos que sea uno con una perspectiva positiva, pero no funciona así y pensamos de manera negativa. Aún más lógico sería, que tampoco solemos hacerlo, llamar en el momento en el que ese pensamiento nos aborda y salir de dudas, pero no, nos bloqueamos y empezamos a suponer que ha pasado algo malo.

Voy a poner otro ejemplo, el de una persona, supuestamente amiga, que se cruza contigo en la calle y no te dirige la palabra, sino que pasa de largo, entonces, en ese mismo instante, empiezas a hacer suposiciones y te preguntas qué mosca le ha picado, por qué no te saludó, qué le hiciste a ese imbécil... empiezas a pensar mal de una acción, pero si tuvieses toda la información, saldrías de dudas.

Puede que la persona estuviera distraída y ni se enteró de que pasaste por su lado, a mí me pasa a menudo. Pues bien, si en ese momento paras a la persona para saludarla, seguramente te responderá con un buen gesto, pero no, como en el caso anterior, empezamos a hacer suposiciones y funcionamos de la misma manera, empezamos con un pequeño pensamiento semilla que, a la larga, se convierte en un bucle de pensamientos negativos.

Te voy a contar una historia personal, algo que me pasó con un amigo. Hubo un suceso que él interpretó de una forma y yo de otra.

A la larga eso afectó nuestra relación e hizo que nos distanciásemos, pero esto lo supe después por preguntar. Te pongo en contexto. Un día iba caminando por la calle, me lo encontré y lo saludé, pero su gesto fue bastante distante y frío.

Yo di media vuelta, lo paré y empecé a hablar con él. Bueno, la conversación, desde mi punto de vista y haciendo suposiciones, fue fría. Después de despedirnos, me quedé con ese pensamiento semilla de que algo pasaba, pero no permití que fuese más allá y se convirtiese en un bucle de pensamientos. Tan pronto llegué a mi casa, le pregunté directamente y mi intuición había sido acertada, la charla había sido fría y me explicó por qué.

En ese momento entendí su reacción, lo que comenté al principio de este párrafo, yo había actuado de corazón, sin imaginar que estuviera haciendo daño, pero realmente sí que lo había hecho.

Como ves, por mucho que duela, a veces hay que preguntar qué pasa realmente antes de hacer suposiciones, en la mayoría de los casos son erróneas. En mi caso lo era, no sabía que había pasado algo de tal magnitud como para que él se enfadase.

Hoy en día retomamos nuestra relación gracias a que nos perdonamos mutuamente. Todos obramos de la mejor forma que sabemos, y no debemos guardar rencor alguno a nadie, ni a amigos ni a enemigos, eso también intoxica nuestro cuerpo.

Es primordial que te abstengas de hacer suposiciones, con ello lo único que conseguirás será enfadarte no solamente con la otra persona, sino contigo mismo, pues nunca conocerás la verdadera razón de la situación conflictiva.

Volviendo al ejemplo anterior del amigo que no te saluda por la calle, está en tus manos el saludarlo tú directamente, preguntarle si le pasa algo o cómo le ha ido en el día, cualquier acción es buena para detener las suposiciones.

Puede que realmente sí le pase algo, y aunque no te lo cuente en el momento, por su tono de voz sabrás que realmente es así. Puede que tenga a un familiar ingresado en un hospital y no quiera hablar del asunto en ese momento, o que lo haya traicionado su pareja o un amigo. Puede estar pasando por alguna circunstancia difícil por la cual en ese momento no te salude.

Ten en cuenta que tú sólo eres responsable de tus actos, de los de nadie más y el actuar con absoluta responsabilidad en estas circunstancias hará que dejes de hacer suposiciones.

En el caso anterior, puede que no te quiera contar en ese momento, ya sea por alguna circunstancia ajena a ti que le haya pasado recientemente y que no es de tu incumbencia o simplemente no se dio el contexto para poder hablarlo en ese momento, pero no debes pensar y suponer que ese enfado o la negación de su saludo es debido a ti, simplemente deja pasar un tiempo y vuelve a contactarlo para preguntarle qué pasó en ese momento.

De esa forma, quizá ya se haya enfriado más el asunto y decida contártelo, y si le preguntas realmente de corazón, se abrirá ante ti.

En el supuesto caso de que sí le pasa algo contigo, te lo contará directamente o lo notarás en la conversación. Es en ese momento cuando podrás salir de dudas, no el día que se cruzaron y no te quiso saludar. Mientras tanto, deja a un lado las suposiciones.

Sé que es muy sencillo decirlo, pero no tanto aplicarlo, porque nuestra mente no para de sabotearnos con pensamientos que muchas veces ni se acercan a las circunstancias reales. Ninguna suposición tiene fundamento alguno, eso hace que se cree una película que solamente existe dentro de tu cabeza.

Deja de hacer suposiciones y enfrenta el asunto preguntando y accionando. Sólo tú eres el creador de una suposición, a pesar de que pueda ser verdad o no. Y si te dejas llevar por ellas antes de tomar medidas en el asunto, lo único que conseguirás será enfadarte y entristecerte por algo que puede ser irreal.

21

Si quieres ser feliz, evita juzgar

Es mucho más difícil juzgarse uno mismo que juzgar a los demás».

Antoine de Saint-Exupéry

Caemos en la trampa de juzgar a las personas, por cómo actúan o por cómo son exteriormente dejándonos llevar por nuestras creencias. Si algo no concuerda con ellas, lo juzgamos y lo tachamos como que está mal.

Cuando juzgamos, caemos en la mediocridad, colocándonos en un nivel energético muy bajo. En muchos casos, sentimos vergüenza de nosotros mismos, por no tener lo que el otro tiene o ser como el otro es, estamos continuamente comparándonos y juzgando hasta caer en la vergüenza, que es un nivel energético aún más bajo.

Luego, te sorprendes si al final del día terminas agotado. No se debe sólo al trabajo que desempeñas, a las tareas que haces en casa, al entrenamiento físico o a cualquier otra acción que realices, se debe a que continuamente estás juzgando, y eso drena mucha de la energía con la que empezaste el día.

Eres como una pila y si duermes suficientes horas, las que tu organismo necesita para recuperarse, te levantarás enérgico y dinámico. Pero si a primera hora empiezas a juzgar, esa pila reduce su energía y su rendimiento se reduce drásticamente, de modo que te sentirás cansado y agotado.

Incluso, puede que te hayas levantado ya con un nivel de energía bajo, eso puede deberse a que el día anterior estuviste juzgando y te fuiste a dormir con esa sensación, pensando que tal o cual persona debió haber actuado de la forma que tú crees que era la correcta, si comiste más de lo debido o que estás haciendo lo necesario para tener un aumento de sueldo y no lo consigues.

Si no haces una limpieza de todas esas ideas que mantuviste durante el día antes de irte para la cama, te levantarás agotado porque tu mente no descansará de forma eficiente. No es el colchón ni la almohada lo que necesitas cambiar para descansar mejor, sino mejorar tu manera de pensar.

Pero no te sientas culpable por eso, no nos han enseñado a hacer lo contrario. Desde muy pequeños nos condicionaron para creer que debíamos ser mejor que el resto, que teníamos que tener un nivel de estudios adecuado para que no nos faltase trabajo, a tener las mejores notas de la clase y actuar según dictan los cánones morales acerca de lo que está bien y mal.

Pero no existe bien y mal, pues lo que tú puedes considerar como bueno, un hindú, un chino, un americano o cualquier otra persona del mundo, puede catalogarlo de forma diferente y no por ello son mejores o peores, simplemente tienen paradigmas diferentes.

Debes tener claro que cada persona tiene determinadas creencias, y mientras no nos involucremos en la tarea de desaprender todo aquello que no nos sirve y aprender lo que sí es beneficioso para nosotros, volviendo a ser inocentes y sin estar condicionados por tales creencias, entonces caeremos continuamente en la trampa de juzgar.

Como te decía, nos han inculcado siempre que debemos ser los mejores y actuar de cierta manera. De modo que, si en una determinada circunstancia actúas de manera que discrepa con lo que son tus creencias, asumes que lo hiciste mal pues, no seguiste lo que te han enseñado, entonces sientes vergüenza y bajas tu nivel energético debido a que no te sientes a gusto con eso y juzgarás a quien ha sido mejor que tú o a ti mismo.

Da igual que juzgues a alguien más o a ti mismo, he puesto este ejemplo para que captes lo que te quiero explicar, pero cuando juzgas a otra persona te estás juzgando a ti mismo. Quizá te resulte muy duro leer esto, pero es así.

Aplica siempre una inversión de pensamiento, es decir, darle la vuelta a lo que piensas en ese momento, tratando de ver hacia dentro para saber el para qué de las cosas, para qué una persona actúa como lo hace.

Cuando llegas a este nivel de entendimiento, te liberas y dejas de juzgar. En esos momentos es cuando alcanzas un nivel de bienestar y alegría que pocas personas llegan a lograr. Juzgamos continuamente porque nos aferramos a nuestras creencias de lo que está bien o mal.

El problema de aferrarnos a nuestras creencias y juzgar lo que no concuerda con lo que pensamos, es que nos lleva a sufrir y sentir un dolor interno por no obtener aquello que deseamos ver en la persona que tenemos delante, en una situación o en cualquier otra circunstancia de la vida.

Debes dejar a un lado todo lo que has creído hasta ahora y no ha sido beneficioso para ti, si no lo haces lo único que lograrás es juzgar cualquier situación en función de tus experiencias pasadas, eso impedirá que progreses en cualquier ámbito de tu vida porque mantendrás una mente cerrada y no verás más posibilidades.

Hay que ser muy persistentes para poder convertirnos en un ser que no juzga porque, como te he dicho, la educación que nos han brindado nos conduce precisamente a eso. Además, tu mente sólo quiere corroborar con pensamientos lo que has creído hasta ahora, es un proceso muy arduo el desaprender para volver a aprender.

Debes tener claro que, cuando juzgas a una persona lo único que haces es caer una y otra vez en pensamientos erróneos, pues si no fuera así no estarías haciendo juicios, eso sólo te conduce a sentir un dolor interno por no aceptar que existen infinitas posibilidades de hacer las cosas.

Además, recuerda que cuando juzgas, te estás juzgando a ti mismo, pues no confías plenamente en lo que estás pensando. Si no te adhieres fielmente a tus pensamientos, todo irá bien.

Con esto quiero decirte que, si una persona actúa o piensa de manera diferente, pero tú lo asumes con una mente abierta sabiendo que existen muchas posibilidades, estarás avanzando en tu camino hacia la expansión de tus pensamientos, de tu mente.

Puedes creer en lo que estás pensando, pero sabes que hay otras posibilidades también. Lo interesante sería no creer en nada, pero eso ya sería ir un paso más allá en la consciencia, eso lo conseguirás a medida que vayas progresando en tu camino de desarrollo personal y espiritual.

De momento, el paso que tienes que dar para dejar de juzgar es no aferrarte a tus creencias, tú no eres tu mente ni lo que pasa por ella. Debes ser consciente que las personas y las situaciones que aparecen en tu vida, son grandes oportunidades para seguir progresando, pero si estás aferrado a tus pensamientos, desaprovecharás la oportunidad de hacerlo.

Si la forma de actuar o de pensar de esas personas que se te presentan no concuerda con tus creencias, pero lo tomas serenamente, sabiendo que hay infinitas posibilidades de ver las cosas y que no tienen por qué concordar con tus creencias, estarás dando un paso de gigante en el camino hacia el bienestar en tu vida.

Desde ese estado dejarás de juzgar y tomarás cualquier situación como un maestro encubierto. Aprenderás de cualquier persona, porque estarás alerta y con la mente totalmente abierta a nuevas posibilidades.

Es de esa forma que logras dejar a un lado el dolor, el resentimiento y la ira porque las personas piensan diferente o actúan desde otra perspectiva.

Dejarás atrás esa mochila cargada de rencor porque determinada persona no actúa como tú crees que es más conveniente, en ese punto el juicio queda en el olvido.

Además, las personas lo notarán y serás plenamente confiable para ellas, al abstenerte de emitir juicios, te volverás su confidente y se abrirán ante ti, te contarán sus problemas personales y se sentirán agradecidos al saber que tienen una persona en la que pueden confiar, pues no las juzgará.

22

Culpa y preocupación

« *Ninguna cantidad de culpa puede cambiar el pasado y ninguna cantidad de preocupación puede cambiar el futuro».*

Anónimo

La felicidad y el bienestar están presentes cuando estamos plenamente en el ahora, en un momento de no-mente.

Cuando llegas realmente a este punto, tu alegría desborda a raudales, pero cuando la mente empieza a enfocarse en momentos pasados o futuros, algo que no existe, es cuando perdemos cualquier atisbo de bienestar. En esos momentos entran en juego la preocupación y la culpa.

Cuando nos detenemos a pensar en el pasado, los pensamientos que abordan nuestra mente, en la mayoría de los casos, no son positivos, y si lo son, no es bueno que te aferres a ellos.

Es decir, puedes recordar un acontecimiento en el que fuiste muy feliz, que disfrutaste al máximo y te aportó gran alegría y felicidad, pero si te quedas anclado en ese momento, con apego, entonces tenderás a comparar el momento presente con aquel, eso puede llevarte a juzgar y pensar por qué este momento no es igual. El momento presente es lo único que tienes, y es perfecto tal cuál es. Todo lo que estás viviendo ahora tiene su razón de ser.

Ahora quizás estás en ese momento pasado que recuerdas como positivo, pero seguramente también has tenido momentos peores a los actuales. Todo tiene su razón de ser, sin unos y los otros no podrías construir este momento presente.

Habrá momentos de alegría y otros de dolor, pero para poder disfrutar de la alegría debes haber experimentado el dolor. No sabríamos lo que es el día si no existiese la noche. Por eso, es perfecto que recuerdes momentos pasados, tanto los buenos como los malos, pero sin apegarte a ellos, de otro modo no serás capaz de disfrutar del momento presente.

Esto lo expongo para que entiendas que no todos los pensamientos pasados están relacionados con la culpa o el resentimiento, pero sean del carácter que sean, cuando sientes apego por ellos te alejas de la felicidad.

Con pensamientos que te transportan al pasado y que juzgas de haber podido ejecutar de otra forma, criticas una actuación que no pudiste haberla hecho de otra manera, fue perfecta tal como la hiciste, pues de otra forma no podrías haber aprendido de ella.

Problemático sería saber que actuaste de una forma errada y sigas haciéndolo de la misma manera una y otra vez. En ese momento obraste de la mejor manera que sabías con los recursos de los que disponías, no permitas que te invadan sentimientos de culpa.

Si te quedas anclado en esos momentos, actuarás con desconfianza en este momento presente, pensando en que no quieres que vuelva a repetirse aquello.

Como te mencioné, el problema sería hacerlo de la misma forma una y otra vez, eso significaría que no has avanzado en tu camino de vida, y darás pie para albergar en ti más y más culpa porque siempre estarás pensando en que debes actuar de otra forma. Mientras no empieces a actuar de forma diferente, tu mente estará continuamente recordándote lo mal que lo hiciste.

Debes tener en cuenta tus momentos pasados para poder aprender de ellos, pero sin juzgarlos y sabiendo que lo hiciste lo mejor que sabías, así no repetirás siempre las mismas situaciones.

La culpa sólo te añade ira y rencor, al pensar que debiste haber obrado de manera diferente, estarás fustigándote continuamente para intentar cambiar ese momento, pero eso es imposible, ya pasó, existió y ya se fue, no puedes cambiar lo hecho, sólo puedes obrar de manera diferente la próxima vez.

Tu única opción es vivir el presente de la manera en que eres ahora, sin sentir culpa por lo que hayas hecho en el pasado. Perdónate de corazón y podrás avanzar y disfrutar de un mejor presente.

Esas circunstancias pasadas estarán a la orden del día, pues si no te perdonas realmente por tus actos pasados, las personas te los recordarán continuamente y sumarás más ira a la que ya sientes anhelando cambiar esos momentos.

No debes permitir que tu mente divague en pensamientos pasados con los que lo único que conseguirás es sumar más y más culpa. Detente, déjalos ir y acéptalos tal cual fueron, no pudo haber sido de otra forma, obraste de la mejor manera que sabías.

En cuanto a la preocupación, ese es otro mal muy común que nos aleja de la felicidad y el bienestar. Estamos continuamente pensando en un futuro que, en un porcentaje bastante elevado, no llega a cumplirse.

Como mencioné en mi libro anterior, haciendo referencia a Marian Rojas quien, basándose en estudios de la Universidad de Harvard, acotó que el 91 % de las cosas que pensamos que van a suceder, no ocurren.

Entonces, para qué pensar en un futuro que, como vemos según estas referencias, es muy difícil que acabe ocurriendo, para qué perder tiempo en ello.

Eso, además de desgastarnos con la preocupación, añade otra circunstancia para no ser feliz, y significa salir del presente, que es lo único que existe ahora mismo. Y si te paras a pensar en el pasado y albergas culpa enfermando tu organismo, tampoco es diferente de olvidarte del momento presente.

Ambos casos, el de pensar en el futuro o en el pasado, es el mismo mecanismo: no vivir el momento presente que es el único que realmente te puede traer la felicidad.

En el caso de la preocupación, en algunos casos puede ser importante, por ejemplo, si tienes que cruzar una selva puede caber la posibilidad de que te encuentres con algunas fieras, y por miedo y la necesidad de supervivencia, te preocupas por lo que pueda pasar. En este caso, puede ser válida para sobrevivir, pero más allá de este ejemplo, u otros similares, es innecesaria.

Cuando piensas en un futuro que deseas que se cumpla, también estarás olvidando el momento presente y aparecerá la preocupación.

Es importante que establezcas objetivos en tu vida que estén alineados con tus principios y valores, a través de ellos lograrás alcanzar tu propósito. Pero ten en cuenta que, si no se dan determinadas circunstancias para que puedan materializarse, no pasa nada.

Debes aceptar cualquier situación que se te ofrezca en un futuro, esa es la mejor manera para que puedas cumplir realmente tu propósito en esta vida.

Si tienes apego por ese objetivo que quieres alcanzar, aparecerá la preocupación y la ira si eso que tanto anhelas no se materializa. En este caso, si no se dan las circunstancias para poder llevar a cabo eso en lo que pusiste tanto empeño, simplemente puede significar que el universo está enviándote una señal de que ese no es el camino que te llevará a ser feliz.

Puede que lo hayas pensado de manera racional y que creyeras que eso era lo mejor para ti, pero si no se dan las circunstancias para lograrlo, haz caso a las señales que te llegan y no te apegues al resultado.

Acepta todo en tu vida tal como se presenta, simplemente son maestros encubiertos para que puedas obtener el máximo aprendizaje. Lo importante es que no te preocupes por un futuro que puede o no ser como estás dibujándolo en tu mente.

Igualmente, si el universo te envía señales para que tomes otro camino para conseguir tus metas y objetivos, tenlas en cuenta, quizás incluso no es el momento para lograr ese objetivo en particular y te está diciendo que debes tomar otro camino, tal vez, en un futuro, podrás regresar a ese que te has marcado.

Si de entrada ves que no se cumplen, quizá se trate de que el universo necesita que hagas otras cosas primero para que puedas conseguirlo. O que, como te decía antes, lo que te has establecido como objetivo no esté alineado con tus valores y principios, de modo que no te llevará a alcanzar tu propósito y como el universo es muy sabio, te alejará de ello.

Tanto si se trata de un caso o del otro, no debes estar apegado al resultado, como sucedan las cosas es la mejor manera de acercarte al bienestar, no tengas la menor duda. Deja de preocuparte por ese futuro que puede darse como tú lo esperas o, como dice la autora Marian Rojas, no acabe sucediendo como lo esperábamos.

Tanto la culpa y la preocupación hacen mucho daño al organismo, y cada vez es mayor la incidencia de estos dos males en nuestra sociedad. Estamos continuamente pensando en el pasado o en el futuro, algo que no existe y que lo único que hace es alejarnos del bienestar.

Lo que primordialmente aleja a las personas de su bienestar es el hecho de permanecer en un momento que no existe, de modo que no se vive el momento presente, algo que sí existe realmente y que sí nos puede acercar a esa felicidad que tanto anhelamos.

Entiendo perfectamente que te sea difícil no estar pensando en el pasado o el futuro, ya que la principal función de nuestra mente es pensar, pero puedes hacerte consciente de lo que piensas y decidir si quieres quedarte anclado en esos pensamientos, tu bienestar está en tus manos.

Puedo decirte que a veces yo también me pillo haciendo lo mismo, y aunque trato de vivir continuante en el momento presente, llevaba muchos años haciendo lo contrario, mi caso concreto era pensar más en el futuro que vivir en el presente.

Vivía más preocupado que con culpa, tu caso puede ser, al contrario, pero tanto uno como otro son mecanismos de defensa del ser humano para protegernos, aunque lo haga mal, pues nos protege de algo que no existe.

Como te decía, yo me mantenía principalmente en la preocupación, siempre buscaba cosas que quería conseguir y eso no me permitía vivir cada momento y disfrutarlo. Con el paso del tiempo y trabajando en mi crecimiento, he conseguido mejorar muchísimo, pero aún me sigo pillando fuera del presente.

Es normal si en un inicio te pasa esto, pues si por muchos años llevamos haciendo algo como un mecanismo de repetición, cuesta trabajo poder cambiarlo. Inicialmente puede ser un poco complejo, pero a medida que practiques el permanecer por más tiempo en el momento presente, más lograrás hacerlo de manera inconsciente.

No te preocupes, no necesitas hacerlo todo perfecto para que esté bien. Como te he dicho, me siento identificado contigo, también me pillo renunciando al presente, no siempre me sale bien y tampoco hago todo a la perfección.

Es un largo camino el que debes recorrer, pero haciéndote consciente de tus pensamientos estarás dando un paso de gigante, pues podrás elegir cuáles te son útiles y cuáles no.

23

El esfuerzo y la felicidad

« *Nuestra recompensa se encuentra en el esfuerzo y no en el resultado. Un esfuerzo total es una victoria completa».*
Gandhi

Cualquier esfuerzo que hagas por alcanzar el bienestar y la felicidad, por mínimo que te parezca, lo único que conseguirá es alejarte más de poder conseguirlo. Todo lo que conlleve un esfuerzo agotará tu energía y esta es primordial para sentir bienestar.

Quizás has notado que hay días en los que acabas agotado, o incluso que te levantas sin energía, como si no hubieses dormido bien. Si te estás esforzando demasiado, eso drenará la energía holística de la que dispones.

No me refiero a esfuerzos físicos, el entrenamiento y el ejercicio son esfuerzos físicos, pero si disfrutas haciéndolos, acabas con una sensación de mayor energía.

El tipo de esfuerzo al que me refiero es aquel que haces con desgano, aquel que va en contra de tus principios, no respetando tus decisiones y sentimientos. Piensas en que no quieres hacerle daño a los demás, pero lo que debes priorizar primero es no hacerte daño a ti mismo.

Hacer eso puede parecerte un modo egoísta de afrontar las situaciones de tu vida, pero más egoísta es no responsabilizarte por tu salud, lo primordial es escuchar tus emociones y sentimientos. Si lo primero que siente tu corazón es un no, acepta esa respuesta, él suele estar en lo cierto.

El problema surge cuando la mente entra en juego, en ese momento aparece tu lado racional y acabas haciendo lo contrario de lo que te está diciendo tu corazón, y no escucharlo acabará trayéndote problemas de salud en un futuro.

Esto que acabo de explicar es sinónimo de esfuerzo, pues estas obligando a tu corazón a decidirse por algo que no quiere hacer y él te conoce mejor que tu mente. El obrar de esa forma acaba haciendo mella en tu integridad y drena tu energía y, como te explicaba antes, terminas agotado al final del día.

Supongo que te habrás dado cuenta que, en más de una ocasión, cuando haces algo que no querías hacer, te sucede esto que acabo de describir a nivel de tus emociones. Esto es lo contrario a dejarte llevar, pues te estás resistiendo a tu propia voluntad.

Lo primero que viene a la mente suele ser equivocado, pues la mente rápida contesta lo primero que aparece. Si en esos momentos te paras a escuchar lo que te dice tu corazón, dejas ir tu primer pensamiento y aceptas las emociones que están surgiendo, así no agotas tus niveles de energía.

El problema es que nunca nos paramos a sentir nuestras emociones, entonces después llega la culpa, una vez que hemos actuado, pues eso va en contra de nuestra voluntad y de aquello que realmente necesita nuestro organismo para obtener bienestar.

Ponte en el lugar de tu corazón. Lo voy a representar físicamente para que quede un poco más claro. Tu corazón es tu mejor amigo, él continuamente te está proponiendo planes y desea que lo escuches y lo acompañes en sus peores momentos y en los buenos, que juegues con él, pero tú continuamente haces caso omiso de tu amigo y le llevas la contraria en todo lo que te propone.

Entonces, cabe esperar que termine agotándose su energía y se canse de proponerte cualquier cosa. Con esto no quiero decir que se aleje de ti, esto nunca sucede, pero el alma se deteriora y entristece, pues por muchas señales que te envía para mejorar tu bienestar y vivir una vida plena, haces caso omiso de ella.

Lo primero que debes oír son las señales de tu corazón, es tu principal fuente de energía. Vivir sin atender las peticiones de tu corazón, es alejarse cada vez más de alcanzar la dicha y el bienestar.

No sabes el esfuerzo que debe hacer el organismo para poder recuperarse una y otra vez cuando no atiendes sus peticiones. Debes escuchar esas señales que te envía, el corazón es más sabio de lo que crees.

Puede que estés pensando que, si sólo atiendes a las señales de tu corazón, acabarás quedándote solo porque dirás que no a muchas proposiciones que te hagan.

Pero la realidad está lejos de lo que estás pensando, más bien podrían alejarse personas cuyos pensamientos no estén alineados con los tuyos, sin embargo, aquellos que sí merecen la pena, permanecerán contigo, es más, al desparecer los primeros, aparecerán nuevas personas que tendrán tus mismos valores.

Para que aparezca algo nuevo, siempre tiene que desaparecer algo viejo. Las personas que estén a tu vera son porque te asocian con una persona de principios, una que hace las cosas porque realmente le apetece, no por complacerlos a ellos.

Cuando haces un esfuerzo indebido, incluso para alcanzar una meta u objetivo, estás alejándote más de tu bienestar y de tu paz, no importa el objetivo que sea, económico, familiar o social, es indiferente. Cualquier circunstancia que conlleve un esfuerzo innecesario te aparta de la alegría plena, pues gastas un montón de recursos para poder alcanzarlo.

El esfuerzo aparece cuando vas en contra de lo que te dicta tu corazón, no debes hacer algo que vaya en contra de lo que él te dice. Ahora, párate un momento y responde de manera honesta a una pregunta ¿qué es eso que requiere que hagas un esfuerzo enorme ahora mismo? Supongo que lo detectarás enseguida, pues sólo has de responder una circunstancia en concreto.

Seguramente haya más, pero cuál es esa que venido a tu mente tan pronto has leído la pregunta. Ese es el principal responsable de consumir mucha de la energía que necesitas para que puedas llevar cabo de manera eficiente otras actividades de tu día a día.

Es necesario que te pares a analizar esa circunstancia y valores si realmente merece la pena esforzarte tanto. Seguramente has escuchado en más de una ocasión que sin esfuerzo no hay recompensa y que sin él nunca lograrás alcanzar el éxito, pero ¿qué intentas alcanzar?

Logros y metas sólo para demostrarles a los demás de lo que eres capaz. Esa es una función del ego y, una vez más, te aparta de alcanzar tu bienestar.

Si tus metas y objetivos provienen del corazón, no existirá esfuerzo. Te pongo un ejemplo para que puedas ver más claramente este punto.

Supongamos que tu sueño es dedicarte a la enfermería y debido a tu ocupación actual tienes el tiempo limitado para poder abocarte a ella, seguramente en ese sueño, proveniente de tu corazón, debe existir un para qué muy grande que te impulsa a querer dedicarte en cuerpo y alma a la enfermería, es algo que has querido ser siempre, pero cuando aparece en escena la mente y te dejas llevar por tu lado racional, no te propones a dar el paso.

Bueno, digamos que decides dar el paso de matricularte y existen varias posibilidades, que dejes todo de lado y te dediques por completo a ella, o como cosa muy lógica necesitas pagar facturas y vivir más holgadamente, entonces continúas trabajando al mismo tiempo que estudias.

En tu caso, incluso puede que tengas más ocupaciones que atender como el cuidado de la familia, tus hijos o cualquier otra circunstancia y además haces ejercicio para mantenerte saludable.

Esto es muy normal y cotidiano que pase, si no es tu caso, puede que sea muy semejante. Puedes cambiar el estudiar enfermería por cualquier otra profesión o cualquier otro sueño.

Pero siguiendo con el ejemplo de enfermería, puede que estés pensando que eso conllevará un gran esfuerzo, que te quedarás sin energía y llegarás al final del día muy cansado, incluso que te levantes ya rendido.

Bueno, eso está lejos de la realidad, pues al estar cumpliendo un sueño, el esfuerzo no existe porque lo estás haciendo desde el corazón. Eso hace que te levantes con ganas de seguir adelante, porque te mueve un para qué muy grande y sabes por qué lo haces.

Es como cuando eras niño y llegaba la noche de reyes, al día siguiente te levantabas incluso sin despertador, pues la ilusión de ver los regalos te despertaba. Eso era un sueño, una ilusión, sucederá del mismo modo cuando estés persiguiendo un sueño, el corazón te dará esa energía necesaria para que lo cumplas.

Claro está, habrá días en los que necesites parar y energizarte porque las jornadas son intensas, incluso puede que te quedes dormido en momentos puntuales, eres un ser humano y necesitas dormir y descansar.

Pero, la sensación de despertarse cada mañana sabiendo que estás atendiendo lo que te dice tu corazón, es algo difícil de describir. Es como cuando una mamá tiene a su bebé, la ilusión y el deseo de cuidar a su hijo hace que consiga tener energía cuando antes era impensable para ella. Eso no es un esfuerzo, la ilusión hace que desaparezca el esfuerzo.

Sin embargo, y siguiendo con el mismo ejemplo, decides estudiar enfermería, pero no porque escuchaste a tu corazón, sino por querer demostrar tu valor ante tu familia, tus amigos o ante quien sea, ese sí sería un esfuerzo, pues el demostrar es una tarea del ego, de la mente consciente, no de tu corazón.

Si te planteas hacer algo como eso, estás condenado al fracaso, pues de esa forma tus niveles de energía sí que se verán mermados. Lo estarás haciendo sólo porque quieres aparentar y demostrar que lo puedes conseguir, por orgullo. Eso sí es un esfuerzo y te alejará del bienestar y la alegría.

Por eso, te animo a que analices tu día a día y observes si estás haciendo todo desde el corazón o si existe algo que conlleva algún esfuerzo extra de tu parte. Si existe algo como eso, debes ir cambiándolo progresivamente si no quieres enfermar y alejarte de tu bienestar.

No tienes que hacerlo drásticamente, aunque también podría ser una opción que te ayude a progresar, pero sí es necesario que lo elimines de tu vida. Un esfuerzo innecesario no debe existir en tu vida.

Por ejemplo, en el proceso de escribir este libro cuando llega un momento en el que considero que en vez de estar disfrutando la escritura me estoy esforzando de más, que me aparta del bienestar y que me resta energía, entonces paro, pues ese cansancio indirectamente te lo trasladaré a ti. Por eso, cada vez que noto que no estoy inspirado o que necesito un descanso, dejo la escritura para otro momento.

Imagina por un momento que eres un árbol, él crece y crece sin esfuerzo y consigue alcanzar su máxima plenitud, dibuja la hermosura de sus hojas y alcanza la altura que le corresponde.

No se preocupa de que lo pueda atacar un depredador, de si un pájaro pica su tronco o si hacen un nido en una de sus ramas, simplemente hace lo que debe hacer, libre de esfuerzos y preocupaciones, ni más ni menos.

Seguramente, si estuviese pensando en que debe esforzarse para alcanzar una determinada altura, que el grosor de su tronco sea el adecuado, en florecer o en absorber el agua para poder crecer, no conseguiría ni la mitad de todo lo que llegaría a ser. Sé más como un árbol, no te resistas a la vida, acéptala sin esfuerzos.

Hay un término chino, *wuwei*, que describe un importante aspecto de la filosofía taoísta en el cual la forma más adecuada de enfrentarse a una situación es «no actuar», aunque en la literatura taoísta se hace mucho énfasis en que no es lo mismo no actuar que no hacer nada.

Es decir, se debe accionar, pero sin forzar la situación, es un hacer sin hacer, un fluir y aceptar. Entonces, el *wuwei* sería una forma natural de hacer las cosas, sin forzarlas con artificios que desvirtúen su armonía y principio.

24

Responsabilízate por tu vida

El precio de la grandeza es la responsabilidad».

Winston Churchill

Nada ni nadie es el culpable de que no tengas la felicidad y el bienestar que deseas. Todo lo que crees que te hace infeliz se debe a que tú les das ese significado.

Cada persona actúa de la manera que mejor sabe hacerlo, y si hay algo que te molesta y te parece inadecuado estarás juzgando su manera de actuar. Esa persona obra de acuerdo a sus patrones mentales y sus creencias, y es la mejor manera que sabe hacerlo, igual que tú.

Si desde un estado de inconciencia simplemente juzgas la situación, nunca podrás responsabilizarte por tus acciones ni por tu vida. Echas balones afuera y eso acabará pasándote factura, pues te vendrán de vuelta.

Todo lo que te rodea es un fiel reflejo de lo que hay en tu interior. Si consideras que todo lo que ves a tu alrededor es basura, se trata sólo de un reflejo de lo que existe en tu interior. Pero si, en cambio, en tu interior hay paz y alegría, eso es lo que verás reflejado en tu entorno. Lo más importante de tu vida es que cuides tu interior, pues tu exterior se convierte en un reflejo de tu interior.

Por eso digo que tú eres el único responsable de tu vida, la creas a partir de tus decisiones y acciones y con tu manera de pensar. Si crees que actualmente sólo te suceden circunstancias que consideras que no te están ayudando a mejorar, situaciones complicadas que te impiden progresar, eso se debe, en primera instancia, al significado que tú les estás dando.

Debes tener claro que cualquier circunstancia que se te presente en la vida la has atraído tú, muchas de ellas la atraes de manera inconsciente pensando en algo en concreto, pero que no te has dado cuenta de ello porque no te detienes a observar lo que piensas, sin embargo, tu subconsciente habla y lo materializa en el plano físico. Por ello es tan importante vigilar nuestros pensamientos, si no lo hacemos creamos nuestro futuro de manera inconsciente.

Con responsabilizarte no quiero decir que tengas que sacarle puntilla y analizar todo lo que pasa, de esa forma cometerás el error de sentirte culpable una y otra vez por lo que ocurre. Simplemente se trata de aceptar que eso que está sucediendo se debe a que lo pensaste en algún momento, no apareció por casualidad. A veces, se materializa pasado poco tiempo, otras tarda años en que se manifieste, pero acaba sucediendo.

El responsabilizarte por lo que está sucediendo en tu vida es un acto de valentía, pues asumes que todo tiene su razón de ser y no estarás culpando a otras personas por lo que pasa. Adopta el hábito de hacer una inversión de pensamiento y párate a pensar por qué está sucediendo eso en ese preciso instante.

Cuando lo que ocurre no nos gusta y nos causa dolor, ira o resentimiento, ahí tenemos un maestro encubierto con el que podemos aprender de la situación y salir fortalecidos de ella. Cuando aparezcan esas emociones en ti, debes analizar por qué las estás sintiendo para que puedas asociarlas a determinadas circunstancias, pero no aferrarte a ellas, déjalas ir.

Si, por el contrario, te quedas anclado en ese tipo de emociones, entonces se te presentarán las mismas circunstancias en tu vida una y otra vez y albergarás más emociones parecidas, será como círculo vicioso.

Si en tu vida continuamente se repite una situación similar, con tu pareja, en el trabajo o con un amigo, seguramente se debe a que aún no has descubierto la información que se esconde detrás de esa situación, no has podido trascenderla para dejarla ir, no la has aceptado y está arraigada en ti, entonces situaciones iguales o semejantes se te presentarán una y otra vez para que las aceptes de una vez por todas.

Todo sucede por algo, y esas situaciones complicadas ocurren para que puedas aprender. Aunque ocurra con personas diferentes, todo está interconectado, simplemente están proyectando algo que debes mejorar en ti.

No son ni buenas ni malas, aparecen para que puedas hacerte cada vez más consciente de ellas y salgas de tu zona de confort, que no deja de ser una forma de inconsciencia absoluta.

Cuando te vuelves una persona responsable de tus actos y de tus circunstancias, aparecerán obstáculos cada vez mayores para que puedas seguir progresando, sin embargo, te darás cuenta de que cada uno tiene un para qué y no albergas resentimiento alguno por ello.

Sentirás las mismas emociones que antes, pero no te quedarás anclado en ellas, las aceptarás tal y como son, así las transciendes. Es importante sentirlas para ver qué puedes aprender de ellas.

Te voy a poner un ejemplo muy cotidiano y a la vez absurdo para que puedas ver hasta qué punto eres responsable de tus circunstancias. Supongamos que estás en un semáforo en rojo y delante tienes un auto. Cuando el semáforo cambia a verde, la persona que está delante de ti deja caer demasiado su auto al arrancar y le pega a tu defensa.

Podrías pensar de manera inconsciente y culpar a la otra persona de que ha dejado caer demasiado su auto. Pero si haces una inversión de pensamiento y te preguntas para qué sucede eso, cambia todo el asunto.

De esa forma aceptas la situación, no sientes ira contra la otra persona y aprendes que no debes pegarte tanto al auto de adelante. En un primer momento puede que sientas frustración porque sentiste ira, pero de inmediato sabrás qué sucedió para que pudieses aprender de esa situación.

Como ves, hasta en una cosa tan sencilla puedes aplicar una inversión de pensamiento y hacerte cargo de las situaciones que suceden en tu vida.

Incluso, puedes ir más allá con esto. Has estado durante mucho tiempo acumulando karma negativo, por eso suceden cosas en tu vida y no sabes por qué.

Pero cuando te vuelves una persona consciente y responsable, sabes que suceden para que puedas limpiar tu karma con acciones positivas. Aparecerán infinidad de circunstancias en tu vida, pero todas ellas tienen una razón de ser.

El problema es cuando empiezas a echarle la culpa a las otras personas por lo que te sucede, al universo porque siempre te pasan las mismas cosas, o al tiempo porque llueve o por la temperatura, cualquiera es una buena circunstancia para culpar si eres un ser inconsciente.

Sin embargo, cuando te vuelves una persona consciente, te das cuenta de que todo sucede por algo, e incluso agradecerás lo que suceda en vez de culpar.

Si estás persiguiendo un objetivo y aparecen obstáculos una y otra vez que te impiden conseguirlo, simplemente acéptalos y aprende de cada uno de ellos. Tal vez, no es el momento para cumplir ese objetivo y lo que debes hacer es aprender de esas situaciones para que puedas alcanzarlo más adelante.

Como dice uno de mis mentores: «Si vas por un bosque buscando naranjas para hacer una naranjada, pero solamente aparecen limones, entonces acéptalo y hazte una limonada».

Quizás al principio no te gusta tanto esa situación, pero aceptándola, tarde o temprano, acabará apareciendo en tu camino eso que tanto anhelas, en este caso, las naranjas. No sabes cuándo ni cómo, pero ten por seguro que, si eres totalmente consciente, aparecerá eso que buscas.

Responsabilizarte por tu vida es lo más gratificante que puedes hacer, y lo mejor que puedes hacer por los demás. Mejorarás tu salud y tu bienestar y el de los que te rodean. Porque, al no juzgar a las demás personas por lo que hacen o dejan de hacer, tú asumes el para qué están sucediendo.

25

Karma y su poder para hacerte feliz

« *El karma no es una venganza, es el reflejo de tus acciones, todas las cosas que das, de una u otra forma regresan a ti».*
Anónimo

Todo lo que te sucede en la actualidad tiene su razón de ser, se debe a algo que has hecho en el pasado, no sólo puede tratarse de aquellas cosas que hayas hecho de manera consciente, también aquellas de las cuales no te percataste, pero tu subconsciente sí lo hizo, de modo que has ido acumulando karma.

Incluso, no sólo lo has hecho en la vida que estás viviendo en la actualidad, en vidas anteriores también has acumulado cierto karma que se está reflejando en tu vida actual. Quizás aún no sabías esto último que has leído, sin embargo, te digo, tu cuerpo físico muere, pero tu alma no, ella vuelve a renacer más adelante depositándose en otro cuerpo físico.

El hacerme consciente de todo esto me ha permitido comprender más mi vida. Todos tenemos un para qué en esta vida, y si no conseguimos resolverlo, acumularemos cierto karma que se reflejará en vidas futuras. Existe mucho contenido y diversas lecturas acerca de esto de lo que te estoy hablando, pero te recomiendo el libro *Muchas vidas muchos maestros* de Brian Weiss, pues es una lectura sencilla y muy amena, pero que tiene su base científica.

Todo lo bueno o malo que puedas hacer se acumula y, por consiguiente, en un futuro se reflejará dicha actuación. Quizá te hayas preguntado algunas veces por qué te suceden ciertas cosas, bueno, seguramente has hecho algo, bien sea en esta vida o en anteriores, en la que acumulaste karma de cierta magnitud.

Eso que te ocurre no te está sucediendo porque sí, sin más, tiene su razón de ser y cuanto antes seas consciente de que tus acciones provocan ciertos resultados, más placentera se volverá tu vida.

Cuando empecé a ser consciente de todo esto y también a aplicar la inversión de pensamiento, es decir, a buscar la razón de ser de ciertas situaciones para poder darles la vuelta y saber que yo era el responsable, empecé a ver todo con mayor claridad. Te pongo un ejemplo para que seas consciente de hasta qué punto pasa esto.

Tenía un cliente en entrenamiento a quien un día le pasó lo siguiente: me envió una foto para justificar el hecho de que no podría venir al entrenamiento. La foto era de su establecimiento que tenía la puerta rota, habían entrado a robar y estaba esperando a la gente del seguro, no había dormido esa noche. Bien, puede que estés pensando que hasta aquí todo es lógico.

Dos semanas más adelante le volvió a suceder algo similar, entraron a robar, pero en esta oportunidad le violentaron su auto. Le rompieron la ventanilla y se llevaron todo lo que tenía dentro. Puedes estar pensando qué menuda casualidad.

Estas dos situaciones tienen su razón de ser, él estaba muy molesto por todo lo que le había sucedido, maldecía el pueblo y demás, pero al no ser consciente, es lógico que eso le suceda. En algún momento de su vida actual o en una anterior acumuló karma negativo y se reflejó de esa manera.

Yendo más allá y aplicando la inversión de pensamiento, este chico debería preguntarse en qué momento él le robó a alguien, no tiene que ser algo material, puede ser algo que tenga que ver con el plano emocional, quizás incluso se esté robando algo a sí mismo, como, por ejemplo, el tiempo.

Todo lo que sucede en la vida es para que puedas hacerte consciente de en qué momento has actuado de cierta manera, y de esa forma mejorar tu vida.

Este ejemplo que he expuesto también puede suceder, al contrario, es decir, a una persona generosa que hace actos benéficos desde el corazón y sin esperar nada a cambio, en un futuro le aparecerán en su vida circunstancias que retribuyan todo ese karma positivo que está acumulando en la actualidad.

Nada sucede por mera casualidad, todo el karma positivo que puedas acumular en la actualidad, lo verás reflejado en tu bienestar futuro, bien sea en esta vida o en otras posteriores.

Con esto no quiero que creas que todo lo que te sucede en la vida es karma, eso sería limitarte en cuanto a tu crecimiento. Si piensas así te estarás condicionando para actuar, pensando siempre en qué tipo de karma acumulas. Obra de la mejor manera posible, alineado con tus valores y siendo auténtico, de esa forma te puedo asegurar que lo estarás haciendo muy bien. Además, como te digo, no todo es karma.

Lo que te sucede es porque algo se ha albergado en tu subconsciente, por ejemplo, si has tenido un trauma, eso se reflejará una y otra vez en el futuro para que puedas transformarlo y de esa forma puedas mejorar tu vida. Es más, no sólo estos dos motivos, el karma y un trauma, pueden marcar tu vida, hay otro aspecto que añadir: el espíritu familiar.

Puede que tú seas el encargado de resolver cierto hecho que haya cometido otra persona de tu familia en el pasado, algo transgeneracional que te ha tocado sanar a ti.

Lo importante es que debes tener claro que da igual cuál de estas tres opciones te esté pasando ahora mismo, debes obrar de la mejor manera posible, la más auténtica, para que puedas ser una persona cargada de bienestar y dicha, en esta y en las vidas futuras.

26

Miedo, siéntelo y déjalo ir

A menudo estamos más asustados que heridos; y sufrimos más en nuestra imaginación que en la realidad».
Séneca

Cuando él aparece, nos alejamos del bienestar. El miedo es instintivo y necesario para evitar algunos peligros que nos puedan llevar a la muerte, eso es importante, pero más allá de esto, cualquier miedo es totalmente innecesario, incluso el miedo a la muerte, ya sea por una enfermedad u otra circunstancia.

Más allá de cualquier hecho que no se trate de escapar de un depredador y en el que se deba entrar en un mecanismo de supervivencia que te haga correr para evitar ser devorado, el miedo, incluso a la muerte, es innecesario.

Además, cuando aparece el miedo a la muerte, dejamos de vivir el momento presente. Es claro que ante una enfermedad relativamente grave aparezca un miedo genuino a morir, pero eso sería tener apego a la vida, a los deseos, y eso hace que ese miedo se acentúe, es normal que ante un evento como ese sintamos temor, pero debemos procurar controlarlo, pues más allá de eso, se trataría de apego al cuerpo, a tus seres queridos y a tu vida actual.

Cuando dejas ir esas circunstancias y aceptas todo tal cual es, desaparece el miedo. Si necesitas indagar más sobre esto, hay lecturas específicas de personas que narran cómo trascendieron el miedo a la muerte por una enfermedad y acabaron recuperándose.

Yo no me considero un experto en ese tema, de modo que te recomiendo que aprendas de personas que sí han pasado por eso y describen sus experiencias en libros en los que ahondan en este tema.

He expuesto el tema de la muerte porque ese es el miedo primitivo que todos tenemos: morir. Nos apegamos demasiado a la vida y a todo lo que somos. Pero nada te pertenece y cuando dejas tu miedo a un lado, empiezas a vivir de verdad y a disfrutar de tu existencia.

Entras en un estado de plenitud en el que actúas tal como lo dicta tu corazón, es decir, sin pensar en posibles consecuencias. Cuando piensas y la mente entra en juego, entonces aparece el miedo, y con él dejas de disfrutar la vida y te alejas de tu bienestar.

Voy a dejar a un lado a la muerte, decidí empezar por ella porque es un miedo común; hablaré de otro ejemplo claro, uno que puede aparecer a la hora de actuar por miedo. Lo ejemplificaré con una situación cotidiana para que puedas ser consciente de él.

Supongamos que estás en tu trabajo y por miedo a que no te despidan, te vuelves sumiso y haces cosas con las que no estás a gusto. Actúas desde el miedo y de acuerdo con lo que he mencionado varias veces en este libro acerca de los niveles de energía, el miedo está ubicado en uno muy bajo, de modo que él deteriorará tu energía.

Eso es lo que ocurrirá si no lo remedias oportunamente, acabarás enfermando a tu cuerpo, pues lo que no eres capaz de exteriorizar mediante actos o palabras, queda almacenado en él y en un momento determinado, lo refleja con un síntoma, alguna dolencia o enfermedad.

Cuando actuamos desde el miedo, perdemos oportunidades para avanzar en la vida. Al mantenerte en un bajo nivel de energía, las personas detectarán que actúas desde allí y te verán indefenso, de modo que algunas, probablemente, se aprovecharán de ti. Incluso, tu vulnerabilidad, algo tan necesario para conectar con las personas, no la muestras por miedo a que conozcan tus debilidades.

Es importante mostrar nuestra vulnerabilidad, cuando lo hacemos damos un paso gigante y desaparece gran parte de nuestro miedo. Para que veas que hablo con conocimiento de causa, te contaré que los miedos también estuvieron instalados en mí, y aún hoy en día, debido a patrones mentales que se han almacenado en mi subconsciente, también me pillo en ellos.

Mi miedo fundamental es el de fallar, siempre quiero hacer las cosas perfectas. Quería ser demasiado perfeccionista, entonces, si algo no salía como yo esperaba, me frustraba.

A veces, por ejemplo, cuando quería demostrarle mi amor a Miri, mi compañera de vida, lo hacía desde el miedo, si no hacía las cosas de la forma como había establecido en mi mente que era la correcta, aparecía el miedo a que me abandonara y quedarme sólo.

Como te dije, nadie es perfecto, y en algunas ocasiones sigue apareciendo ese miedo, porque nos han enseñado que el amor se trata de contentar a la otra persona y desde esa perspectiva, en ocasiones, actúo con temor a que le puedan parecer mal mis actuaciones.

El amor sano se da cuando te permites ser tú, sin identificarte con nada de lo que haces ni lo que eres. Esto puede llevarte a conflictos con algunas personas, porque quizá piensen que debes hacerlo como a ellas les parece bien, pero cuando permites ser arrastrado por las creencias de otra persona, de nuevo, actúas desde el miedo.

Otro muy común es el miedo al dinero. En este caso, puede tratarse de miedo a perderlo, entonces dejamos de hacer cosas que nos ayudarían a progresar.

27

Muéstrate vulnerable

«*Aceptar nuestra vulnerabilidad en lugar de tratar de ocultarla es la mejor manera de adaptarse a la realidad*».
David Viscott

Es importante conseguir mantenernos en nuestro centro y alcanzar el bienestar y la felicidad plena para poder activar nuestro lado emocional, ese que está en el hemisferio derecho del cerebro, y que a menos que nos dejemos llevar y saquemos el niño interior que llevamos dentro, ese que no juzga y disfruta del momento presente, no conseguiremos activarlo, pues de manera inconsciente sale la parte más racional que se encuentra en el lado izquierdo del cerebro.

Si te dejas llevar por tu racionalidad y no eres consciente de que de esa forma alejas a las personas y las oportunidades que puedan aparecer en tu vida, sufrirás innecesariamente, si no dejas salir tu lado emocional, ese que se deja llevar por el corazón, eso es lo que sucederá.

Cuando llegas a un punto en el que logras hablar y expresarte desde el corazón, no desde la mente, empiezan a aparecer oportunidades en tu vida que no sucederían si no dejaras hablar a tu corazón.

Cuando te muestras realmente vulnerable sacando a relucir cualquier dolor interior que puedas tener, que no te ocultas detrás de una coraza que tú mismo has construido para protegerte mediante el ego que lo único que quiere es aparentar y no mostrar el ser grandioso que eres realmente, no el ficticio que crees que te hace feliz, en este estado de vulnerabilidad, conectas verdaderamente con las personas, de corazón a corazón, con empatía y amor, sin rencor ni ira.

Mostrarse vulnerable es un acto de valentía. Cuando decides atravesar el sendero de mostrarte vulnerable, nunca más querrás volver al estado racional y perjudicial en el que antes vivías.

En un estado de vulnerabilidad no escondes nada, eres tú en esencia, una persona que comunica realmente desde el corazón. Todos guardamos heridas emocionales en nuestro cuerpo y eso nos ha llevado a escondernos detrás de corazas para que nadie se dé cuenta de ellas, pero eso lo único que hace es alejarnos cada vez más del bienestar, procurando que esas emociones tan arraigadas en nosotros no salgan a la luz.

De esa forma, dejas de amarte y las personas se alejarán de ti, pues para que puedan amarte otras personas, es necesario que te ames tú primero, por eso es preciso que saques tu lado más emocional.

Cuando decides pasarte al lado de la vulnerabilidad, en un estado de rendición absoluto en el cual aceptas la manera en que expresas tus emociones, entras en conexión con tu esencia, desde este estado surgen circunstancias positivas que hasta ese momento eran inimaginables para ti.

Empiezas a atraer a tu vida cosas que te sorprenderán, pues desde tu lado racional nunca podrían haber aparecido.

Pero como todo, eso lo cosecharás después de un tiempo de haber sembrado. Al principio, las personas serán reacias a que te muestres vulnerable, ellos no están en ese nivel de conciencia.

No te preocupes, serás un ejemplo y, tarde o temprano, ellos también se mostrarán vulnerables ante ti, porque se sentirán identificados al ver todo lo que progresas al tomar el camino de mostrar tu lado más emocional y conectarán contigo.

En el caso de los hombres, debido a la testosterona y a nuestro alto ego, se nos hace más difícil mostrarnos vulnerables. Por evolución e historia, siempre se nos hizo creer que no debíamos exteriorizar nuestros sentimientos, porque nos calificarían como débiles, pero débil es aquella persona que juzga a otra porque no quiere mostrar sus propios sentimientos e intenta ocultarlos debajo de críticas hacia otras personas.

Por eso, es más difícil conectar con aquellas personas con una elevada masculinidad, en ellas florece el ego y con él sus infinitas máscaras para no mostrar lo que realmente se esconde en ellas, que no es otra cosa que un niño herido, ni más ni menos.

En mi caso, cuando empecé a mostrar mis debilidades, es decir, el niño interior que llevaba dentro, y dejé a un lado las capas y capas que formaron la coraza que había puesto para poder protegerme de más dolor, entonces surgió la magia.

Logré conectar con las personas desde mi ser interior, desde mi emocionalidad, no desde la racionalidad que no permite que tengamos relaciones de calidad.

En mi caso, durante muchos años sufrí por mi cuerpo físico, no me encontraba a gusto con él, de modo que no me amaba de verdad y extrapolaba esa sensación a las demás personas, las amaba desde la carencia y el apego, era un amor condicional y basado en el miedo, no quería que se apartaran de mí.

Pero de esa forma se consigue el efecto contrario, así que repeles más de lo que atraes porque las personas son conscientes de esa presión y, aunque no lo demuestren claramente, no sienten aprecio por ti.

Al mostrar mi ego y no mi vulnerabilidad, atraía a mi vida personas que estaban en la misma frecuencia que yo, lo cual se convertía en un círculo vicioso, pues si yo no me amo realmente, ellas tampoco lo harán. Desde mi nuevo estado de conciencia ahora amo a cualquier persona desde el corazón, incondicionalmente y sin catalogar lo que puedan o no hacer.

Cuando logras esto actúas desde la compasión, pues sabes que ellas obran de la mejor forma que saben hacerlo. No se puede ayudar a nadie que no esté preparado para ser ayudado. Yo me propuse ser el ejemplo de persona que quiero ver en el mundo, pero sin obligar a nadie a serlo.

Desde la carencia de amor hacia mí, actuaba de forma contraria, aconsejaba a las personas para que hicieran esto o aquello porque les iba a ir mejor. De esa manera lo único que lograba era distanciarlas más, ahora, que soy más consciente, me doy cuenta que lo único que hacía era proyectar en ellos mi falta de confianza.

He de reconocer que el mostrar mis vulnerabilidades fue un proceso doloroso, no es agradable exponer tus verdaderas debilidades. Pero una vez que lo haces, te sientes liberado y con mayor energía, pues no albergas dentro de ti nada de lo que te puedas avergonzar.

Además, basándome en los niveles de calibración de la energía del Dr. David Hawkins, la vergüenza es de un nivel muy bajo, con ella te encuentras continuamente bajo de energía y atraes más de eso a tu vida.

Una vez que solté toda esa carga emocional que llevaba dentro, sentí el ser que realmente soy. Ahora soy una persona, que no se juzga ni se compara, no crítica y está sana. Siempre surgirán nuevas circunstancias que me obligarán a seguir mostrando mi vulnerabilidad y pasaré por momentos de dolor, pero sé que puedo hacerlo porque desde ahí surge un proceso realmente sanador.

Si llevas tiempo albergando un dolor en tu interior, pero lo escondes bajo una máscara racional, lo único que conseguirás no mostrándolo será acumular más y más dolor.

Es sencillo decirlo, pero no tanto aplicarlo, sin embargo, este es uno de los recursos más sanadores que puedes aplicar en tu vida para sentirte pleno y feliz. Somos seres emocionales, no racionales. Desde la emoción se consiguen grandes resultados.

No sólo se trata del hecho de albergar dolor emocional, sino que es una situación muy cotidiana. Por ejemplo, después de una jornada laboral, que no ha sido una de las mejores, y que por cualquier circunstancia has ido acumulando dolor e ira a lo largo del día, porque durante el trayecto al trabajo te cruzaste con algunas personas imprudentes en la carretera o porque los clientes no tenían un gran día y lo han pagado contigo, poniendo todo en contexto, tu mundo exterior es un fiel reflejo de tu mundo interior, de modo que tu entorno sólo te está mostrando tu estado de ánimo de ese día.

El universo siempre pondrá situaciones delante de ti para que seas consciente y puedas cambiar tu enfoque.

Supongamos que, por la razón que sea, has ido acumulando dolor, resentimiento o ira, ese día no has sido capaz de cambiar tus pensamientos y sentimientos y eso ha provocado que las situaciones que sucedieron las hayas manejado francamente mal y no te ha dado tiempo de llegar a casa con una gestión emocional diferente, de modo que entras con ese ánimo y, bajo esa circunstancia, tu pareja lo nota y lo único que consigues es más de lo que has tenido ese día, es decir, otro conflicto que resolver, puede ser por el más mínimo detalle como: a quién le toca hacer la cena.

En cambio, si te muestras vulnerable desde el mismo momento en el que entras por la puerta, la actitud con la que te reciba tu pareja será totalmente distinta. Mostrarse vulnerable no es lo mismo que dar lástima, con esta lo único que deseas es que te hagan caso, se trata de un ganar-perder.

En cambio, la vulnerabilidad muestra la realidad tal cual es, aquello que estás sintiendo en ese momento, el dolor que has estado enfrentando y que quieres dejar ir. La mejor manera de hacerlo es mostrando tu lado emocional para que puedas conectar con la otra persona desde el corazón.

Si te ha pasado o estás pasando por una situación como la anterior o alguna otra similar, intenta mostrar tu vulnerabilidad. Como te he dicho, hacerlo no es lo mismo que dar lástima y pena, ese mecanismo tiene las patas muy cortas y tarde o temprano se cansarán de ti.

Sin embargo, cuando te abres de corazón, logras conectar realmente con los demás, no hay nada que te una más a los otros que cuando lo haces desde esa posición. Te comprenderán y empatizarán contigo, incluso hasta el punto de que ellos también se abrirán de corazón y te contarán algún dolor que hayan estado guardando hasta ese momento, y te lo transmitirán desde el amor, algo muy diferente a mostrarlo sintiendo resentimiento, cuando lo hacemos desde el amor sólo fluyen palabras bonitas.

Un ejemplo muy gráfico y cotidiano es decir las palabras «no sé». Solemos responder a cualquier pregunta, en gran medida desde el ego, por querer aparentar ser más inteligentes. Sin embargo, cuando respondemos con un «no sé», la otra persona te percibe como un ser auténtico, te muestras más responsable con esa respuesta y eso hará que te tome más en cuenta cuando des una respuesta que realmente sí sabes.

Decir «no sé» es una respuesta realmente valiente, pues dejas tu ego atrás. Ya lo decía Sócrates con su célebre frase: «Sólo sé que no se nada».

Como ves, la vulnerabilidad puede ser mostrada desde exponer una herida emocional que has escondido y por la que has guardado dolor y resentimiento durante mucho tiempo, hasta en los momentos más cotidianos de tu día a día.

La vulnerabilidad es un superpoder al alcance de pocas personas, porque no se dan cuenta de lo poderoso que es dejar a un lado el ego y su lado más racional para darle paso a su emocionalidad.

Esto no quiere decir que debas tolerar todo lo que te sucede. No, se trata de saber qué emoción estás sintiendo y exteriorizarla desde el corazón, no con ira, de esa forma lo único que demuestras es que tienes ego que sanar. Muestra tus vulnerabilidades y un mundo nuevo aparecerá ante ti.

Puede que, desde hace ya un tiempo, probablemente desde tu infancia, hayas ido albergando emociones y sentimientos que has guardado sólo para ti. Y lo que en un principio sólo se trataba de dolor, se ha convertido en sufrimiento.

Entonces, debo decirte que es inevitable que pases por episodios de dolor, si no fuera así estarías desconectado por completo de tu ser. Muy probablemente ese dolor se vea reflejado en alguna parte de tu cuerpo, porque lo que la mente calla, el cuerpo lo exterioriza de la mejor manera que pueda, él es sabio.

Pero el sufrimiento es innecesario y para acabar con él, debes transcender el dolor y la única manera posible de hacerlo es exteriorizarlo mostrando tus vulnerabilidades.

Te confieso que a mí me costó años exteriorizar mis miedos y dolores. Durante mi infancia pasé por muchos momentos de soledad. Mis padres lo hicieron lo mejor que sabían y estoy muy agradecido por ello, pero por sus estilos de vida y de trabajo pasé muchos momentos de ausencia de mis padres, incluso si estaban presentes.

Esto hizo que no recibiera el mejor de los apoyos, eran jóvenes y, como dije, lo hicieron lo mejor que sabían en ese momento. Si no fuera por esos momentos, tal vez no estaría escribiendo estas palabras ahora mismo. Sólo por ello, doy gracias a mis padres por haberlo hecho de esa manera, los amo.

Todo eso hizo que fuera albergando mucho dolor dentro de mí, y lo trasladé a mi cuerpo físico. Eso es un grave error, porque no somos el cuerpo, tenemos un cuerpo, eso es muy diferente.

Cuando te identificas con tu cuerpo, te alejas completamente de tu centro y de tu bienestar, creando capas y más capas de ego para no mostrar lo que realmente eres. Yo lo hice lo mejor que podía y sabía en ese momento, buscaba la presencia de mis padres, anhelada en la infancia, a través de mi cuerpo, construyendo mi físico.

Lo que perseguía con eso, de manera inconsciente, era que ese niño interior que llevo dentro alcanzara el reconocimiento de sus padres. Yo lo hice de esa forma, pero de ese modo nunca consigues llegar a conectar contigo mismo.

En nuestro inconsciente almacenamos mucha información. empezamos a hacerlo desde que estamos en el vientre de nuestra madre, durante su embarazo, somos capaces de sentir cómo se encuentre ella en ese momento, cómo es la relación con tu padre, y seguimos haciéndolo en los años venideros, aproximadamente hasta los seis años.

Eso es lo que marcará tu vida en un futuro y lo que debes sanar para poder progresar, debes cambiar tus creencias para poder mejorar no sólo a nivel individual, sino contribuir con el colectivo. Si eres capaz de transcender esa información, habrás conseguido dejar un mundo mejor de cómo lo has encontrado.

Retomando mi ejemplo, para construir mi físico, debí internarme en un gimnasio. Lo que conseguí con ello fue construir una falsa felicidad, enfocada en el exterior. Toda la felicidad se encuentra en el interior, no fuera. Lo que logré fue arrastrar, de manera inconsciente, esa herida emocional, en vez de exteriorizarla.

Lo que te muestra la sociedad como ideales de belleza sumado a la creencia de que los hombres no debemos mostrar nuestra vulnerabilidad, pues no serías lo suficientemente hombre, no favorecían que yo me abriese completamente.

Esta es una seria desventaja, pues mientras no nos hagamos conscientes por voluntad propia de todo esto, no importa lo que te digan desde fuera. De modo que, si tienes una herida que sanar y estás intentando taparla, bien sea con comida, alcohol o sexo, te diré que la única manera de sanarla es abriéndote de corazón ante los demás.

Cuando empecé a abrirme y a mostrar lo que me pasaba realmente, es decir, mi vulnerabilidad, un mundo nuevo apareció ante mí. Debes aceptar tus emociones, no resistirte a ellas. Sabe que están ahí, existen, no las ocultes.

Es una tarea que no es sencilla, pero es necesaria. Llegará un momento en el que te decidas a dar el paso, entonces tu vida cambiará y la mochila cargada que has llevado durante largo tiempo, se irá vaciando. Te sentirás mucho más ligero y libre.

Te animo a que des el paso. Al principio parece que estuvieras ante un precipicio, te impresionas, incluso, cabe decirlo, te da miedo, pero sabiendo que tienes un paracaídas que se abrirá tan pronto des el paso, te ayudará a lanzarte.

28

Interdependencia, aprende de ella para ser más feliz

«La independencia es un logro. La interdependencia sólo está al alcance de gente independiente. A menos que estemos dispuestos a conseguir una independencia real, es inútil que tratemos de desarrollar habilidades para las relaciones humanas».
Stephen Covey

Desde que nacemos estamos condicionados a depender de un ser para poder sobrevivir y seguir con vida: nuestra madre.

Los primeros años de vida condicionan nuestra existencia, por eso, si somos padres, debemos ser muy cuidadosos con la educación de nuestros hijos y darles los mejores valores posibles.

El problema empieza en nuestros primeros años de vida, la necesidad de los cuidados de nuestra madre para poder seguir con vida se manifiesta desde un apego inseguro, falto de amor, o con un apego excesivo. Esto, en un futuro, hace que proyectes esa carencia en tu edad adulta, buscando eso que te faltó en esos primeros años.

En esos momentos, creemos que dependemos de una persona para poder seguir con vida, pero si en los primeros años estuviste rodeado de un amor que te brindaba seguridad, sabrás que no dependes de ninguna otra persona para poder sobrevivir.

En esos momentos fue necesario, pero una vez que llegas a una edad adulta, debes saber diferenciar la necesidad con la posibilidad de tenerlo. Es decir, que puedes vivir solo o en compañía de alguien, pero desde una mentalidad sana.

Si estás en un estado de dependencia emocional, en algunos casos no tiene que tratarse de una persona, puede ser a una situación, a un objeto o a cualquier otra cosa, eso merma la posibilidad de permanecer en un estado de bienestar, pues el apego que sientas hacia cualquiera de esas cosas te resta energía. Esa dependencia debes transformarla hacia algo positivo hasta convertirla en interdependencia, la manera más sana de vivir que existe.

Cuando tienes dependencia de algo vives momentos de angustia continuamente, pues depositas tu felicidad en algo exterior. Eso puedes calificarlo como un sufrimiento en tu vida, porque no estás siendo capaz de ver más allá de aquello que sucede en tu exterior.

Todos pasamos por momentos de dependencia hacia algo, una amistad, una pareja, el dinero, el trabajo, todas esas cosas son necesarias, pero debemos tener una visión clara y saber que podemos seguir viviendo si no las tenemos, o que, en su lugar, aparecerán otras que mejorarán tu vida.

El problema es que, si pierdes cualquiera de esas cosas, si sientes una dependencia emocional hacia ellas y no eres capaz de desapegarte, con cualquiera otra que aparezca adoptarás la misma actitud, y eso te llevará de nuevo al sufrimiento. Debes aprender a vivir con todo y sin nada a la vez.

Cuando estás en un estado de dependencia, si algo no ocurre como lo imaginaste, basado en tus creencias pasadas, entonces culparás a algo o a alguien externo como motivo de tu dolor y sufrimiento. Para poder dejar ese sufrimiento de lado, debes ser consciente de que nada ni nadie puede alterar tu bienestar, si tú no lo permites.

Experimentarás momentos de dolor, eso es inevitable, esos momentos son los que nos permiten progresar, pero no los de sufrimiento, este aparece cuando estableces y te apegas a algo como motivo de tu bienestar, basado en tus patrones mentales.

Debes ser capaz de transformar esa dependencia, primeramente, en interdependencia. Siguiendo con los ejemplos anteriores de amistad, pareja, dinero o trabajo, cuando superas la dependencia de todos ellos, pasas a un estado de independencia en el que te da igual si no los tienes.

El problema es que puedes volverte bastante solitario y demasiado independiente, si no quieres saber nada de nada ni de nadie eso también merma tu bienestar y salud. Somos seres sociales, por lo tanto, necesitamos la interacción con las demás personas.

La independencia es más sana que la dependencia, pero, aun así, no estás completamente sano, debes pasar por ella para llegar al último escalón del bienestar: la interdependencia, no debes permanecer en la independencia demasiado tiempo.

Es necesario pasar por ambas, tanto por la dependencia como la independencia, para que puedas valorar esos dos estados no sanos, de esa forma podrás transformarlas y una vez que llegues al último escalón puedas verlas con una nueva perspectiva y sepas que las has superado.

El estado en el que alcanzarás tu dicha y bienestar es en el de la interdependencia. Allí puedes vivir con todo lo mencionado anteriormente o sin ello, asumiendo que todo lo que te da la vida está bien.

Por ejemplo, en el caso de que tengas pareja, no depositas en ella tu felicidad, sabes que con ella eres feliz y que estás con ella por elección propia, pero no dependes de ella para seguir adelante.

En ese estado, el amor por ti es pleno y sabes que puedes dar lo mejor de ti a los demás, que compartes tu vida con una persona porque lo decidiste así, pero tienes la sabiduría suficiente como para saber que, tanto si pueden sumar momentos juntos como si deciden terminar la relación, tu bienestar permanecerá intacto.

En el caso de que, por cualquier motivo, algo se acabe, una relación de pareja, de amistad o laboral, pasarás por momentos de conflicto y dolor, sin embargo, recuerda que ellos son necesarios para progresar, aunque desde un estado de interdependencia, de esa forma eres capaz de valorar que tienes recursos suficientes para igualmente tener bienestar, con o sin ellos. Sabes que tú eres la persona más importante de tu vida.

Desde la dependencia te infravaloras y depositas tu felicidad en todo lo que te rodea, con apego a ciertas circunstancias, en ese estado, si algo falla, sufres. Cuando eres capaz de transformar aquello que es motivo de tu apego y desplazarte hacia la independencia, alcanzarás un estado más sano en el que sabes que algo externo no es el dueño de tu felicidad.

El problema con esto es que puede que en ese estado nada te importe, te vuelves excesivamente individualista. Pero cuando, por último, llegas a un estado de interdependencia en el que tienes la sabiduría suficiente para saber que tu felicidad sólo depende de ti, te haces plenamente responsable de tus circunstancias. Sabes que, tanto si tienes aquello que te rodea como si no, serás feliz.

Si esas cosas están, suman a tu bienestar, pero si no, igualmente eres feliz porque sabes que ese estado únicamente depende de ti. Si algo falla a tu alrededor, en este momento, sientes dolor, pero al no tener apegos, sigues adelante, incluso fortalecido.

Sabrás que todo tiene su razón de ser y si algo sucede, es por algún motivo que quizás en ese momento no sabes cuál es, pero no te quedas anclado allí, pues tienes la seguridad de que en un futuro obtendrás la respuesta.

29

No existen las casualidades

Platón

Todo lo que pasa en tu vida tiene su razón de ser y sucede por algún motivo en concreto. Puede que lo hayas pensado inconscientemente y se haya materializado en el plano físico, pero cuando te haces consciente de ello, puedes aprender algo de esa situación y progresar.

Este mecanismo es la manera natural en el que sucedan las cosas. En el subconsciente albergas muchos pensamientos y creencias, que hace que sucedan cosas que tú provocas de manera inconsciente.

Cuando empiezas a transcender trayendo a la consciencia tu subconsciente, es cuando puedes cambiar tu destino, mientras tanto, te seguirán sucediendo cosas que no sabes por qué pasan.

Por ejemplo, supongamos que quieres llamar a un amigo, pero en ese momento estás en el auto, de modo que piensas que sería mejor llamarlo al llegar a casa, cuando no estés conduciendo. Como no lo has anotado en el trayecto de llegar a casa se te olvida. Sucede que como has estado pensando en tu amigo en un momento determinado, él indirectamente recibe ese pensamiento y puede ocurrir que te llame tan pronto llegas a casa o quizá puede estar ocupado en ese momento y que no te llame cuando llegues a casa, pero ha recibido la señal y te llamará en cuanto pueda.

Puede estar pensando que se trata de una mera casualidad, pero como lo expreso en el título de este capítulo, no existen las casualidades. Cuando piensas una cosa, esta acaba sucediendo.

Puse este ejemplo, pero puedes pensar en algo que te haya sucedido recientemente y que hayas pensado que era una casualidad, si te paras a pensarlo bien y con calma, te darás cuenta que en algún momento eso pasó por tu mente en algún momento.

Yo también era reacio a creer que las casualidades se daban porque algo que albergaba el subconsciente se materializaba y se hacía consciente para mí, pero cuando me percaté de que sucedían cosas que sí las habías pensado con anterioridad, entonces abrí mi mente y les di el valor que realmente tienen, pues las casualidades no existen.

Todo aquello que catalogues como coincidencia o suerte, no pasan por eso, suceden porque en algún momento has estado pensando en ello y aparecen delante de ti para manifestar aquello que llevabas tiempo pidiendo, pueden ser de carácter positivo o negativo, por eso es tan importante cuidar nuestros pensamientos. La calidad de tu vida estará determinada por la calidad de tus pensamientos, ni más ni menos.

Todo pensamiento que tengas ahora mismo está construyendo tu futuro, por eso es de primordial importancia que vivas el presente de manera consciente, dejando ir todo aquello negativo que pueda surgir en tu mente.

30

La realidad no existe

«*Encara la realidad como es, no como fue o como te gustaría que fuese*».
Jack Welch

Cualquier forma de enfrentar la realidad ante una situación que se te presente en un momento determinado, la estarás enfocando condicionada por tus patrones mentales, tus creencias o paradigmas.

Todo aquello que creas que es verdad formará parte de tu realidad, pero el caso es que no existe una realidad veraz al cien por ciento. Todo lo que puedas percibir mediante tus sentidos está basado en situaciones pasadas, de esa forma diseñas la realidad, pero es una condicionada, es sólo tu realidad.

Si otra persona ve una realidad distinta a la tuya es porque tiene paradigmas diferentes a los que tú tienes. Desde una perspectiva diferente, en la que te liberas del ego que hayas podido albergar durante tantos años con el que lo único que querías era tener la razón, y teniendo una mente abierta, te pasarás a otro bando, uno con un estado de consciencia superior en el que no te confrontarás con nada ni nadie, pues sabes que cualquier realidad puede ser cierta.

El hecho de que tú actualmente estés viendo una realidad no quiere decir que sea la verdad total.

Cada día que pasa tienes una manera de ser diferente. Si lo quieres ver de otra forma, te puedo decir que cada vez que te vas a dormir, mueres, y cada despertar es un nuevo nacimiento. Desde ese punto de vista, sabrás que con cada día que empieza te enfrentarás a una nueva realidad.

El problema es si un día tras otro haces lo mismo, siempre, duermes del mismo lado de la cama, te levantas de la misma forma, te sientas en la misma parte de la mesa y en la misma silla a desayunar, te subes al auto para ir a trabajar y circulas siempre por las mismas carreteras, haces tu trabajo en el horario predeterminado, vuelves a casa y finalizas el día.

Lo mismo una y otra vez, día tras día, de ese modo para ti, no existirá otra realidad. Con una rutina así es muy difícil que veas otras perspectivas de vida que puedan desmontar tus creencias y realidades.

La principal desventaja que nos encontramos a la hora de enfrentarnos a otras realidades que no sean la nuestra, es que es un proceso duro y no sabrás cuando tendrá fin. Si quieres ver otra realidad, tendrás que involucrarte de lleno en ella y aumentar tu nivel de conciencia, cambiar tu estado del ser. Puede ser un proceso un tanto tedioso porque ni tú mismo te reconocerás.

Si estás en pleno proceso de hacerlo, te doy mis más sinceras felicitaciones y me siento totalmente identificado contigo. He pasado, y actualmente estoy pasando, por algo similar porque es un proceso de vida en el que nunca acabas, simplemente vas reconociendo cada vez más tu estado interior, tu verdadera personalidad, sin mostrar ninguna máscara, de esa forma llegas a disfrutar de las infinitas posibilidades del día a día, sabiendo que cualquier realidad es posible.

Es un proceso arduo y a la par enriquecedor. Es otra manera de ver y apreciar la vida. Algunas cosas se quedarán en el camino, pues no se ajustan a tu manera de pensar, desaparecerán personas en tu vida, unas se irán y darán paso a otras que se asocien mejor contigo y te harán progresar.

Te puede parecer que estás en un continuo conflicto, pero se trata de un proceso natural en el que estarás confrontándote contigo mismo, queriendo ver otra realidad. Estarás cambiando totalmente tus creencias y eso no le gusta al ego. Ese conflicto externo, es un mero reflejo de tu conflicto interno.

Además, toma en cuenta que, para generar un equilibrio en tu interior, necesariamente provocarás algo de desequilibrio a tu alrededor, es algo forzoso para poder ver la realidad con base en lo que quieres, sin condicionamientos de ningún tipo que estén almacenados en tu subconsciente.

Una vez que estás en el proceso sabes que cualquier realidad puede ser válida, no te encierras en tus creencias y ves todo desde el amor. Sabes que cualquier persona actúa de la mejor manera que sabe, que internamente puede estar pasando por una lucha y que cada cual tiene la suya propia.

No te enfrentas, pues sabes que, aunque tu manera de ver las cosas es diferente a la suya, existen infinidad de realidades. Entrar en un conflicto directo con alguna persona sería dar un paso atrás, subirte en el ego y generar odio. Actúa siempre desde el amor y tu ego se desvanecerá con el tiempo. No quieras tener la razón, mejor elige ser una buena persona.

Cualquiera tendrá la razón en función de sus patrones internos, y salvo que quieras involucrarte en tu desarrollo como persona y a nivel espiritual, nadie podrá ayudarte y hacerte cambiar de opinión. No puedes ayudar a quien no quiere ser ayudado.

Debemos respetar la forma en que cada uno percibe su realidad, al hacer este acto de valentía desde el amor, tarde o temprano esa persona acabará por darte la razón, aunque no sea eso lo que buscas directamente.

31

Palabras, el condicionante de tu infelicidad

« En la duda, un hombre de bien ha de confiar en su propio juicio».

J. R. R. Tolkien

Sólo existe una situación que se repetirá una y otra vez todos los días de tu vida y es que siempre estás contigo, las veinticuatro horas del día. A veces puedes estar acompañado, otras a solas, haciendo cualquier tipo de actividad o durmiendo.

Pero los momentos que pasas despierto es importantísima la forma cómo te diriges a ti mismo, cómo te hablas. Si no cuidas las palabras que diriges hacia ti, te comportarás de la misma forma con el resto de las personas, y eso te vendrá de vuelta. Es como un partido de tenis, todo aquello que lances te volverá de vuelta, incluso con más fuerza.

Para alcanzar el bienestar, un aspecto fundamental que debes cuidar es cómo te hablas a ti mismo. Cualquier mínima palabra negativa que te dirijas a ti y con la que te infravalores, hará que acumules más y más basura en una mochila imaginaria con la que cargarás día tras día, de ese modo lo que conseguirás es llenarte de pesimismo y mala energía.

Un recurso sencillo del que puedes disponer para cambiar eso es pararte delante de un espejo y enfrentarte cara a cara contigo mismo, dirigiéndote a ti con palabras de amor. Las primeras veces te parecerá una locura, te preguntarás para qué haces eso y pensarás que no te servirá de nada, incluso, si tienes tiempo tratándote mal y dirigiéndote a ti con palabras como «no soy capaz», «no puedo hacerlo» o «que estúpido he sido», será difícil para ti hablarte de diferente manera.

Pero te puedo asegurar que funciona y, aunque tengas esa resistencia inicial, si lo aplicas, con el tiempo notarás un gran cambio. La autora Louise Hay tiene un libro que habla específicamente sobre este tema, si quieres profundizar más en él.

El poder de las palabras es infinito y una vez que consigues dirigirte a ti de forma amable y amorosa y lo hagas de manera automática, tu organismo lo notará. Deja de hablarte de manera fea, usando palabras de desprecio y cámbialas por otras bonitas y amorosas.

El tratarte bien y con palabras adecuadas hará que te comportes de forma similar con el resto. Las otras personas son una clara proyección de tu estado interior, de modo que, si eres tóxico contigo mismo, eso es lo que proyectarás en el resto de las personas, harás críticas absurdas que no te llevan a ningún lado, sólo a intoxicar más tu cuerpo.

Sin embargo, si te diriges a ti mismo con palabras de amor, es un indicativo de que tu estado interno está sano, y eso es lo que proyectarás en las demás personas.

Te recomiendo que empieces a aplicar este mecanismo, pues te traerá bienestar. Existen grandes recursos para poder estar en un estado de paz y bienestar y uno de ellos es dirigirte a ti mismo con palabras amorosas, este, además de ser un recurso muy potente, es gratuito.

Es de suma importancia que lo apliques, pues pasas todo el día contigo. Esa será la única situación que se repita una y otra vez, día tras día, como para descuidar ese aspecto. Interesante sería que lo pudieras aplicar desde que estés recién levantado, después del sueño nocturno, si lo haces esa forma, al asociarlo a dicho momento, te saldrá instintivamente todos los días tan pronto te levantes.

Además, al volverlo una rutina de todos los días, lo llevarás a cabo en cualquier circunstancia, te dirigirás a ti con palabras de cariño y amor, y así lo harás con todos los que te rodean. Al principio, puede que sea un hábito que te cueste integrar en tu vida, pues llevas mucho tiempo sin hacerlo, y no sólo eso, sino que llevas haciendo justamente todo lo contrario, hablándote de mala manera.

Eso le resta energía a tu organismo, intoxicándolo más y más. Este recurso funciona también para eso, para reestablecer tus niveles de energía y dejar de contaminar tu cuerpo, al conseguir eso, además de tener mayor bienestar, también te ayudará a realizar otras actividades con esa energía de la que no disponías antes de aplicarlo.

32

Denominaciones y rótulos

«Los juicios nos impiden ver lo bueno que hay más allá de las apariencias».
Wayne Dyer

Desde que nacemos hemos ido aprendiendo el significado de las cosas y poniéndole denominaciones. Estas se refieren a cómo nos dirigimos para designar algo, por ejemplo, una flor, un árbol o un auto.

Cualquier cosa que puedas imaginar tiene su rótulo en forma de palabra. Esto es necesario para poder establecer una comunicación, el problema aparece cuando asociamos ese rótulo a una descripción condicionada por nuestras creencias.

Esas denominaciones están condicionadas por la forma en las que te las hayan explicado y como tú las hayas comprendido en función de tus patrones mentales, si has tenido experiencias positivas o negativas con respecto a ello.

Si para ti una flor puede no significar nada, para otra persona puede ser la palabra más bonita del mundo, todo depende de lo que haya experimentado con esa palabra.

Los condicionantes están fundamentados en experiencias pasadas y eso hace que olvides el momento presente. Siguiendo el ejemplo anterior, el significado que le demos a una flor hoy, no tiene por qué ser el mismo que le dimos ayer. Cada cosa la debes disfrutar en el momento, sin condicionamientos. Cuando a una denominación la asociamos a creencias y experiencias pasadas, nos olvidamos por completo de disfrutar el momento presente.

El denominar una cosa de cierta manera asociando esa descripción de manera sesgada a tus paradigmas y patrones mentales, muy probablemente te lleva a un motivo de conflicto. Por ejemplo, si al momento de tocar una flor, te pinchaste, asociarás esa experiencia a dicho rótulo: la flor.

Pero si cada vez que hables de una flor lo haces desde una mente abierta, sabrás que no por haberte pinchado en una ocasión las flores hagan daño, sino que fuiste tú el responsable de haber querido tocarla y experimentar eso. Sin embargo, desde una mente cerrada, el hecho de haber asociado el dolor a esa experiencia hará que cada vez que hables de una flor querrás que se extinguieran ya que lo único que saben hacer es daño.

Si la persona con la que estás hablando tiene una mente cerrada y no ha tenido ninguna experiencia negativa con una flor, sus diferencias de opiniones puede que te lleven a tener un conflicto con esa persona, pues tienen creencias totalmente opuestas, y como ambos piensan que sólo existe la posibilidad que le dan a ese rótulo, califican de equivocada la opinión del otro, sin darle espacio a más interpretaciones.

He puesto el ejemplo de la flor porque es algo sencillo, así puedes ligar este ejemplo a cualquier rótulo o denominación. Si asocias cualquier creencia o experiencia a un rótulo, estás condicionando tu vida y serás incapaz de ver el presente, pues una y otra vez estarás influenciados por el pasado. Debes ser capaz de visualizar cualquier cosa sin ningún apego a la descripción asociada que pase por tu mente. Cuando la mente entra en juego, pierdes completamente la esencia de la vida.

Cuando te cruzas con una persona que, desde tu perspectiva, producto de un hecho pasado, es estúpida por su manera de actuar, continuamente te dirigirás a ella pensando de esa manera, catalogándola desde la denominación y descripción que tú le das a la palabra estúpida.

Un estúpido es aquella persona que no es capaz de vivir en el ahora sin obrar condicionado por experiencias pasadas. Cada vez que asocias una descripción a una palabra, te alejas de tu bienestar.

Al ponerle un rótulo a una persona por una actuación pasada, hará que te dirijas a ella de determinada manera, condicionado por tus creencias. Pero puede que esa persona haya cambiado, sin embargo, serás tú el que no se da permiso de cambiar de perspectiva. Cuando actúas bajo esos patrones, estás limitándote en cuanto a experimentar realmente la vida.

Incluso podemos ir más allá, puede que tú no hayas compartido ninguna vivencia con esa persona, pero otra, allegada a ti, le puso ese rótulo. Desde una mente cerrada y con un bajo nivel de conciencia, tal vez si te la encuentras puede que actúes condicionado por el rótulo que le puso otra persona.

Desde esta forma de obrar pierdes por completo tu capacidad de pensamiento, pues te dejas llevar por conceptos que ni siquiera son tuyos.

Debes tener mucho cuidado y observar cómo asocias un rótulo a una experiencia pasada, pues esto condicionará por completo tu presente y tu manera de actuar ante determinadas circunstancias.

Las denominaciones de las palabras son necesarias para comunicarnos de manera eficiente, igual que como lo hago yo en este libro, pero no debemos asociarlas a nada que pueda estar pasando por tu mente.

Los rótulos no tienen mayor finalidad que esa, poder comunicarnos. Si, por ejemplo, a las palabras, ser humano, las asocias a una experiencia vivida en un pasado, da igual cómo haya sido la experiencia, estarás perdiéndote una oportunidad de experimentar la esencia misma de la vida, escuchar sin condicionamientos.

Cuando otra persona te habla debes saber que todo aquello que quieras rebatir o añadir está condicionado por tus experiencias y creencias asociadas a cada palabra que sale de su boca.

Escucha sin miramientos y sin juicios, simplemente sabiendo que las palabras existen sólo para poder comunicarnos y vivir el momento presente, pero más allá de eso, no tienen ninguna otra finalidad.

33

Atraes lo que eres

«El universo siempre responde a tu actitud y vibración».
Anónimo

Seguramente has escuchado alguna vez que debes alejarte de la gente tóxica, que ellas condicionan tu vida y no merecen seguir a tu lado, pues bien, esto es así en cierta medida.

Lo que quiero decir es que, si existe en tu vida una persona que calificas como tóxica, es porque hay algo en ti que esa persona te refleja, ella simplemente es una proyección de algo que piensas y que se alberga en tu mente.

El universo te lo pone delante para que puedas aprender y ver en tu interior, no para calificar ni juzgar lo que está fuera. De modo que, no debes guardar resentimiento por el hecho de que esa persona esté en tu vida, tú la has atraído hacia ti con tu manera de pensar y de ser.

Lo más sencillo es decidir no estar cerca de esa persona, por lo que cortas la relación y eliges no volverla a ver. Pero si haces eso estarás perdiendo una oportunidad muy valiosa para poder progresar.

Claro que existen personas cuyo bajo nivel de energía drena la tuya, pero eso sólo pasa para que puedas tomar cartas en el asunto y ayudes a esa persona. Puede que estés pensando que tú no tienes por qué ayudar a todas las personas, pero te puedo asegurar que si lo haces lo agradecerás y te lo agradecerán.

Tampoco quiero decir que tengas que hacerlo siempre, pues no puedes ayudar a quien no quiere ser ayudado, pero por lo menos inténtalo. Esto refleja muy bien el título del capítulo, atraes lo que eres. Si decides ayudar, cuando tú necesites apoyo, alguien aparecerá en tu vida que te ayudará a ti.

Volviendo al tema de que lo más sencillo sería apartarse y ya, si hicieras eso estarías dejando aprendizaje valioso por el camino. Sería mejor que elevaras tu nivel de conciencia primero, de esa forma acabarás alejándola, no se sentirá alineada contigo. O incluso pudiera pasar que al elevar tu nivel de conciencia acabaras arrastrando a esa persona a hacer lo mismo que tú.

Suceda una cosa o la otra, lo que si debes esperar es que, al cambiar tu conciencia, aparezcan en tu vida nuevas personas que se alineen contigo en ese momento. Como te explicaba, no existen personas tóxicas, ellas aparecen en tu vida para que puedas aprender algo de esa situación, sobre todo, porque ellas reflejan algo que hay en ti, pero inconscientemente no te das cuenta.

Explicaré esto en detalle con un ejemplo, supongamos que tienes un amigo que juzga y critica continuamente a las demás personas y eso te molesta, bueno, él simplemente está reflejando algo que albergas en tu subconsciente, puede que, aunque no lo manifiestes exteriormente, pasan por tu mente pensamientos de juicios, es decir, tú también críticas en tu interior.

También puede que, por cualquier razón, te estés criticando a ti mismo de manera indirecta. Ese amigo sólo está reflejando algo que hay en ti. Puede que ahora ya no lo hagas, pero es posible que lo hayas hecho en un pasado y acabó materializándose en el presente.

Lo que sí está claro, es que esa persona apareció en tu vida para que pudieras hacerte consciente de esa situación y transcenderla, cambiando y mejorando algunos aspectos en ti, de ese modo no te volverán a ocurrir esas mismas situaciones. Si se repiten es porque sigues pensando, aunque sea de manera inconsciente, de la misma manera.

No existen personas tóxicas, existen personas menos conscientes y por eso actúan de determinada manera. Tú, siendo más consciente, pues lees libros de este estilo que contribuyen a tu desarrollo personal y espiritual, serás más consciente y te darás cuenta que las otras personas actúan de la mejor manera que saben. Seguramente tú también has pasado por momentos de ese tipo, simplemente ahora eres más consciente de ellos.

Como te comentaba, esas personas aparecen en tu vida para que puedas obtener de ellas algún aprendizaje. Puede que sea para que puedas valorar que ya no te encuentras en ese punto y que has evolucionado, eso te lleva a actuar amablemente, pues con toda persona te comportas como te gustaría que te tratasen a ti.

Puede que si esas personas aparecen ahora en tu vida sea para que puedas ayudarlas de la mejor manera que sabes hacerlo, está en sus manos aceptar esa ayuda o no, en ese punto ya no puedes intervenir.

Pero supongamos que en tu vida aparece una persona que te refleja que tú eras como ella, que en ciertas ocasiones actuabas como ella, eso ocurre para que seas consciente de que ella es una proyección de lo que eras.

En este punto en el que te encuentras actualmente, serás consciente de la situación y lo catalogarás como un maestro encubierto. Por eso es necesario que eleves tu nivel de conciencia, de otro modo continuamente seguirás tropezándote con ese tipo de situaciones y preguntándote por qué siempre te topas con el mismo tipo de personas.

Una vez que elevas tu nivel de conciencia y te encuentras en un estado de paz y bienestar, aparecen en tu vida personas que están alineadas con ese estado actual. Seguirán apareciendo cierto tipo de personas que no se alinean con los valores que has alcanzado, pero la vida simplemente te los pondrá delante para que puedas obtener un aprendizaje de ellas, bien sea para ayudar y dar lo mejor de ti para que esas personas también puedan elevar su nivel de conciencia y ser más sanas, o para que puedas percatarte de en qué punto te encontrabas.

Lo importante cuando elevas tu nivel de conciencia es que irradias amor. Desde un estado de inconsciencia simplemente te dedicas a juzgar y a criticar y no aprendes de lo que la vida te pone delante.

Seguramente has pasado en más de una ocasión por un estado en el que pensabas que muchas de las personas que se cruzaban en tu camino eran tóxicas, pero como te he dicho, atraemos lo que somos, ni más ni menos, era sólo un reflejo de lo que eras, si eras una persona criticona, eso es lo que inevitablemente encontrarías, si eras desconfiado, te toparías con personas como tú. Por eso, es necesario que salgas de ese hoyo y puedas transcender para sanar.

Sé que es un proceso complejo ya que por sus procesos naturales de supervivencia nuestra mente se engancha en pensamientos negativos, y si nos dejamos llevar por ella, acabaremos siendo lo que pensamos, de modo que, si tu mente está llena de ira y resentimiento, pensarás todo el día en cosas de ese estilo y las proyectarás en las demás personas.

Lo que sería interesante hacer en estos casos es no tratar de olvidar y eliminar esos pensamientos, sino ver cómo aparecen, ser consciente de ellos y luego dejarlos ir, pues aquello a lo que nos resistimos, perdura.

Por eso, no es beneficioso que te enfrentes a ellos, sino que seas un mero espectador. Con la práctica eso acabará siendo algo que harás de manera natural y no te quedarás anclado en ese tipo de pensamientos negativos.

Si quieres encontrarte y relacionarte con personas que irradian positivismo, alegría y buen humor, sé tú el primero, pues eres el único responsable de cambiar una situación. Lo que aparece en tu vida es un reflejo de lo que tú eres. Tu mundo exterior es una proyección de tu mundo interior.

34

Dar para poder recibir

«Es tan importante dar como recibir. Sin equilibrio, nada puede durar por mucho tiempo».
Anónimo

Esta es una de las cosas que debes mantener en equilibrio en tu vida para poder tener bienestar. Si quieres recibir amor, primero deberás darlo, si quieres recibir dinero, sé tú primero el que lo dé. Es como el yin y el yang.

Cambiar este paradigma puede ser duro, porque desde pequeños hemos sido pocos a los que nos han enseñado a compartir. Digo hemos, porque no soy capaz de escribirlo de otra forma, pero yo no soy uno de ellos.

No tengo recuerdos de que me hayan enseñado a compartir, es más, siempre me trataron con prioridad ante cualquier visita que pudiera ir a nuestra casa. Primero me servían a mí y luego a los demás y me daban la mejor pieza de la comida que se compartía.

Como he dicho varias veces, mis padres me educaron de la mejor manera que sabían, y si tú has pasado por una situación similar, no es lógico que cargues con culpas, pero tampoco responsabilices a los demás de lo que eres ahora ni de las creencias que puedas tener. Cualquier cosa que te haya ocurrido en la vida te ha pasado por alguna razón en concreto, está en tus manos hacerte consciente de ella para poder mejorar, y de esa forma dejar el mundo mejor de cómo lo encontraste.

En mi caso, podría escoger el camino fácil y decir que soy así porque me educaron de esa forma y no voy a cambiar. Claro, he de confesar que todavía caigo en errores, pero por lo menos soy más consciente y me doy cuenta de ellos, así puedo mejorar y prepararme para una próxima vez. Nuestros padres, abuelos o educadores lo hicieron de la mejor forma que sabían, ellos actuaron bajo sus paradigmas, ni más ni menos.

Recuerdo una historia en concreto, tenía unos seis años y estaba jugando a la pelota con mi padre, entonces se acercó un niño para preguntar si podía jugar con nosotros. Mi primera reacción fue decir que no, porque quería disfrutar de la compañía de mi padre a solas, eso marcaría mi futuro.

Ahora, siendo consciente de la situación y analizándola, no era que fuese un niño egoísta y que no quisiera compartir, sino que como pasaba mucho tiempo sólo sin la compañía de mis padres, quería aprovechar al máximo cada segundo que pudiera compartir con ellos, sin nadie más.

He tenido que sanar eso y, como te decía, sería egoísta e irresponsable de mi parte hacer responsable de lo que es el Brais adulto a alguien más, ya que, como también lo plasmé en mi anterior libro, somos los únicos responsables de lo que nos sucede en nuestra vida actual.

Eso me marcó e inconscientemente me ha hecho actuar toda mi vida desde el egoísmo y queriendo tener todo para mí, tanto las cosas materiales como personales. Entonces, si te has sentido identificado con mi historia, o recuerdas alguna similar de cuando eras niño, eso muy probablemente se está reflejando en tu vida adulta. El problema con una forma de actuar como esa es que, al contrario de lo que pensamos, es una creencia absurda y equivocada el pensar que mientras más retenemos algo o a alguien más la poseeremos, es más, sucede totalmente lo contrario.

Aquello a lo que te resistes, más persiste y aquello a lo que más te aferras más lo alejas. Si tienes la creencia de que para poseer una cosa debes guardar más y no dar, estás creando un patrón que nunca te llevará a conseguir lo que realmente deseas.

Voy a exponer un ejemplo para que se pueda ver mejor lo que trato de explicar, porque no se trata solamente del plano material, sino también del emocional y el espiritual. Supongamos que estás pasando por un mal momento emocionalmente hablando, en el que pareciera que todo te sale al revés y lo que necesitas es un abrazo, seguramente no lo recibirás si no eres tú el primero en dar una muestra de afecto. Si estuviste mucho tiempo negándole abrazos a las personas, no esperes recibirlos cuando los necesites.

Pero, aunque para recibir primero debemos dar, no debemos excedernos y descompensar la balanza. Tengo un amigo que hace poco me comentó que la gente solamente se aproximaba a él para pedirle cosas y él, que tiene un gran corazón, siempre se abocaba a dar aquello que le pedían, cualquier favor que el pudiese llevar a cabo lo realizaba, pero luego nadie le daba ni siquiera las gracias.

Él no me lo contó con resentimiento, pero sí me dijo que le gustaría haber recibido más de esas personas, sobre todo de aquellas muy cercanas, por lo menos un mínimo de agradecimiento. Pues bien, en este caso, él no recibía ni las gracias porque su balanza estaba muy descompensada y se inclinaba más hacia el dar, de modo que no podía recibir. Debe existir un equilibrio en todos los aspectos de nuestra vida, de otra forma, el opuesto se hará cada vez mayor.

Está muy bien dar y es primordial para poder recibir, pero también es saludable saber decir que no para estar en un balance energético. Además, también debes saber recibir porque, como comentaba en el caso anterior, él no pedía nada a cambio y nunca pidió un favor, entonces, al no pedir y sólo dar, no podía recibir. Es necesario un equilibrio.

Si actualmente estás dando mucho de ti, debes conseguir equilibrar la balanza pidiendo algo a cambio para poder recibir. No tiene por qué tratarse de lo mismo, es decir, si, por ejemplo, estás dando dinero, puedes pedir a cambio cariño y afecto, y no debes pedirlo directamente, sino demostrar tu amor para que puedas recibirlo. Igual, al contrario, si en este momento estás recibiendo mucho de algo, encárgate de dar para poder equilibrar la balanza, sino se creará un desequilibrio que, a la larga, te traerá dolor y problemas que resolver.

Lo más importante de todo es que tanto si das como si recibes, hazlo desde el amor para que tenga un efecto positivo, sino recibirás lo contrario y de manera negativa.

Por ejemplo, si vas a hacer una donación, hazlo desde el corazón y sabiendo que eso mejorará la vida de muchas personas, no pensando en que puede que ese dinero no llegue a destino y no se cumpla el objetivo por el cual estás donando, eso ya no debe importarte, si das con amor, no tengas la menor duda de que tendrá un efecto positivo.

Y, por ejemplo, si un amigo te obsequia algo, no pienses que lo hace porque te va a pedir algo a cambio a corto o largo plazo, acéptalo desde el amor y todo se cargará de energía positiva.

35

Vive con verdadero propósito

«El propósito de nuestra vida es ser felices».
Dalai Lama

Este es el pilar fundamental para alcanzar la felicidad verdadera y duradera. La vida sin un propósito carece de sentido y hará que la felicidad se vea cada vez más lejana. Tu propósito no tiene que ser igual al de tu círculo más cercano, ni siquiera al de una persona a la que admires.

Tu propósito es individual y lo encontrarás cuando aceptes tus circunstancias actuales de vida. Cuanto más pretendas alcanzarlo, cuanto más lo busques, más se alejará de ti.

El propósito de tu vida aparecerá en la circunstancia más inusual posible y cuando menos te lo esperes.

Este aparece cuando aceptas lo que tienes actualmente porque eso significa que te estás rindiendo ante la vida y todo lo que aparece ante ti lo tomas como algo que te hará progresar y alcanzar tu propósito.

No tiene por qué estar ligado al plano laboral ni al plano económico, eso será una consecuencia directa de haberle aportado algo al mundo, algo que disfrutas haciéndolo. Cuando alcanzas tu propósito, cada vez que te dedicas a él te sientes apasionado, no eres consciente del tiempo, las horas pasan y tu seguirías haciéndolo, aunque se te fuese la vida en ello. Además, debes de ser consciente que tu propósito puede ir evolucionando y lo que hoy disfrutas puede que mañana no sea igual, pero puede que haya sido la antesala para realmente encontrar tu verdadero propósito, aquello por lo que has venido al mundo.

Te pongo mi ejemplo, durante más de diez años estuve ligado al mundo del entrenamiento. Empecé a entrenar a la edad de diecinueve años porque quería mejorar mi aspecto físico, eso me hizo querer saber más para poder aplicarlo a mis entrenamientos y provocó que cambiase totalmente de área.

Por esa época estaba estudiando haciendo una formación profesional de fabricación mecánica, pero a medida que avanzaba en la formación me iba dando cuenta que no era mi propósito, no disfrutaba de lo que hacía.

De modo que, una vez que acabé las prácticas de esa formación, decidí que quería seguir mi camino y enrumbarme hacia el deporte y el entrenamiento que era algo que sí que me apasionaba.

Viéndolo ahora en retrospectiva, el haber hecho fabricación mecánica simplemente se debió a que era un sector bien remunerado y que tenía buena salida, este es un mal muy común, dedicarse a algo viendo sólo el aspecto económico.

Ese factor es importante ya que debemos tener los recursos necesarios para poder vivir, pero no debemos enfocarlo como un objetivo porque acabarás aborreciendo lo que haces, pues no está ligado a tu propósito.

Cuando te sumerges de lleno a lo que es tu propósito, la parte económica llega como un aspecto secundario, e incluso en mayor medida que si te dedicas a algo que no está alineado con lo que has venido a hacer en este mundo.

Como comentaba, después de haber acabado las prácticas empecé en la universidad para sacar mi grado en ciencias de la actividad física y del deporte. Eso era algo que me apasionaba de verdad y a lo que dedicaba mayoritariamente mis horas de ocio, entrenando en el gimnasio o jugando al fútbol.

Era algo que podía estar haciendo durante horas y no me importaba en lo más mínimo. Estuve dedicado a ello durante más de diez años y me entregué en cuerpo y alma a dar lo mejor de mí. Una vez que acabé los estudios, empecé a trabajar en un centro deportivo como monitor, y era tal mi pasión que, aunque el volumen de usuarios era amplio, me paraba a ayudar a toda aquella persona que lo necesitara, era algo que disfrutaba a raudales.

Estuve un año en ese centro deportivo, pero como tenía tantas personas que atender y al final no podía dedicarles el tiempo que realmente me hubiera gustado, decidí emprender mi camino y hacer entrenamiento personal, de modo que trabajé durante tres años en una clínica de fisioterapia.

Allí atendía a una o dos personas por hora, así podía dedicarles el tiempo suficiente a las personas y podía corregirlas sin tener que estar pendiente de nada más. Disfrutaba inmensamente ese trabajo, era lo que hacía en mis entrenamientos, a lo que dedicaba parte de mi tiempo de ocio, transmitir mis conocimientos de corazón a las personas que querían mi ayuda.

Durante ese tiempo empecé a dilucidar que el entrenamiento se trataba de algo más, pues las personas acababan por tenerme la suficiente confianza y me comentaban sus problemas familiares, laborales, o de su cotidianidad, entonces, eso empezó a tomar otro rumbo. Con el paso del tiempo he ido corroborando por qué me apasionaba esa parte del entrenamiento, algo de lo que, en aquel momento, no era consciente.

Posteriormente, decidí seguir en el camino como entrenador, pero por cuenta propia, y estuve dos años dedicándome en cuerpo y alma a darle lo mejor de mí a las personas. En esa etapa, como autónomo que soy, quería que mi proyecto creciera, de modo que me formé para adquirir otras habilidades como *marketing*, crecimiento y desarrollo personal, espiritualidad, mentalidad, psicología... eso me ayudó a que fuese todavía más consciente de mi propósito.

Los últimos meses de estos dos años ya era consciente de que no había venido al mundo para ser sólo entrenador, sino algo más, ayudando igualmente a las personas, pero en su desarrollo personal y espiritual. Incluso, el ser más consciente, ha hecho que no disfrutara tanto mis entrenamientos como venía haciéndolo hasta el momento, prioricé la lectura y la meditación por encima del entrenamiento.

El camino se hace caminando, yo no estaría hoy aquí, escribiendo este libro, si no fuera consciente de que puedo aportar mi granito de arena para que el mundo sea mejor. Eso no lo conseguiría con los entrenamientos, porque además de atender a las personas de manera individual y no poder llegar a un gran número de ellas, era algo en lo que estaba perdiendo el interés y eso hace que no des el 100 % de tus capacidades.

Mi propósito es el ayudar a las personas para que sean conscientes de que la felicidad está muy cerca de cada uno, pero deben fluir y aceptar cualquier situación que se presente a lo largo del camino, entonces aparecerá realmente su propósito.

Cuando forzamos una situación para pretender y ser algo que no es lo que hemos venido a hacer a este mundo, nos desconectamos de nuestra esencia y acabamos dando una mínima parte de todo nuestro potencial, pues eso que hacemos por compromiso irá restando nuestra energía día tras día.

Hoy en día, puedo decir que mi propósito es el escribir libros para aportar todo lo que voy absorbiendo a través de libros y formaciones, ideas que surgen mientras medito, sugerencias que surgen mientras dialogo con otras personas y mis experiencias en general.

Eso es lo que realmente disfruto y por lo que he venido al mundo, puedo dedicarme a ello durante horas sin que el cansancio me venza, pues entro en un estado en el que me dejo fluir y en el cual todo lo que me rodea pasa a un segundo plano.

Mi objetivo es dejar el mundo mejor de cómo lo encontré cuando llegué a él, y no hay mejor manera de hacerlo que elevando la conciencia de las personas a través de los libros y que puedan ser más felices.

Como te comentaba antes, el camino se hace caminando, mi propósito hoy en día es este, disfruto escribiendo. Pero puede que a medida que avance en mi caminar por este mundo, cambie mi propósito, que mi objetivo siga siendo el mismo: dejar el mundo mejor que cómo estaba, pero haciendo otras cosas que no sea escribir.

Al día de hoy lo tengo claro, mi propósito es ser autor, llegar al máximo número de personas y poder impactar en ellas igual que lo hicieron conmigo los autores que he leído hasta la fecha. Para poder alcanzar cualquier propósito es importante que nunca te pares porque de ese modo es como lo descubrirás de veras, no te quedes estancado haciendo sólo lo que haces actualmente, porque puede que estés desaprovechando tus habilidades infinitamente y no hayas venido al mundo para hacer eso precisamente. Si al final del día acabas teniendo tu energía por el suelo, eso es una señal de que no estás haciendo aquello que deberías hacer.

Sé que puede parecerte complicado cambiar drásticamente lo que estás haciendo actualmente, salir de la zona de confort no es sencillo, pues debes romper muchas creencias que mantienes en la actualidad, probablemente necesites ese trabajo para poder pagar las facturas, pero no tienes por qué hacer ese cambio drásticamente.

Mi recomendación es que empieces a leer y formarte en diferentes aspectos, ya lo estás haciendo al leer este libro para poder progresar en tu camino hacia la felicidad. Además, añadiría la meditación, es un recurso indispensable para poder conectar realmente con tu esencia, luego, después de un tiempo meditando, aparecerán otras herramientas clave que te indicarán el camino para alcanzar tu propósito.

Como te comentaba con mi ejemplo, tu propósito no tiene por qué estar ligado a una remuneración económica. Debes tener la certeza de que eso será una consecuencia indirecta de dedicarte a aquello que te apasiona y por lo que has venido al mundo, y que va de la mano de la felicidad, incluso puedes llegar a poseer una enorme riqueza, pero una vez que hayas alcanzado tu propósito.

De todas formas, no tienes que ser rico para saber que has alcanzado realmente la dicha, que has conseguido tu propósito. El propósito y la riqueza van de la mano, pero esta última será establecida por lo que dictamine el universo que es la necesaria para que puedas ser feliz.

Es más, en varios estudios en los que se analizaron las diferentes fuentes de la felicidad, se determinó que el ganar más de cincuenta mil dólares anuales, no incrementa excesivamente la felicidad, si se compara con otros factores.

Por ejemplo, un aumento de sueldo o el adquirir un auto nuevo aumenta la felicidad, pero sólo se trata de un pico que disminuye a los pocos días, pues pronto volvemos al estado normal.

Eso se debe a que esos dos ejemplos, el aumento de sueldo o comprarse un auto nuevo, conllevan al placer, pero eso es algo corto y pasajero, lo que debemos buscar, en lugar del placer, es disfrutar, este equivale a estar en un estado en el que fluimos y hacemos las cosas realmente desde el corazón.

Además, no me cansaré de decirlo, el propósito no tiene por qué estar ligado a la riqueza. Sólo es necesario que te proporcione serenidad mental y estabilidad interior para poder tener una vida gozosa y disfrutar cada día que pasas en este mundo, debe ser un regalo, no un sufrimiento.

Tu propósito debe basarse en alcanzar eso, en levantarte día tras día con una energía radiante porque te dedicas a aquello que realmente disfrutas y por lo que has venido al mundo. Lograr eso es más satisfactorio que cualquier posesión material, ese es un aspecto secundario.

El verdadero propósito de tu vida realmente es alcanzar la felicidad, eso lo debes tener claro. Tu felicidad estará determinada por la satisfacción interior que sientas ahora mismo. Párate a analizarlo, mientras lees este párrafo, qué es lo que siente tu corazón, él tiene todas las respuestas.

Si estás enfocando tu vida persiguiendo objetivos que no te corresponden y que te alejan de tu esencia y de tu ser, eso hará que estés en un nivel muy bajo de energía y hará que tu corazón no esté alineado con su propósito y sufra, pues no quiere bailar la música que tú le estás obligando a escuchar. Se trata de hacerlo al revés, tu corazón debe determinar la música que debes bailar.

Todo esto empieza por apreciar lo que tienes ahora mismo, aceptándolo, reconoce que estás en el lugar que debes estar para poder alcanzar tu propósito. No fuerces ninguna situación, eso te alejará cada vez más de lo que has venido a hacer a este mundo. No hagas sufrir a tu corazón, escúchalo y él te dará las respuestas.

El universo oye lo que sientes, si tu corazón no está alineado con lo que haces, hará que tu cerebro también se desalinee y entrarás en un círculo vicioso de pensamientos negativos. Lograr todo esto puede resultarte no tan sencillo, requiere tiempo igual que con cualquier otra disciplina, pero debemos entrenarnos para alcanzar la felicidad.

Debes identificar tus pensamientos positivos, pues eso significa que estás bailando la música que está tocando tu corazón, pero si, por el contrario, te inundan pensamientos negativos, probablemente actuarás de acuerdo con aquello que guardas en tu cerebro.

Eso debes detectarlo cuanto antes para ponerte manos a la obra y cambiarlo, es la única forma de acercarte a la felicidad. Pero eso necesitas practicarlo diariamente, y un gran recurso del que puedes disponer para entrenar tu mente es la meditación.

Cuando alcanzas tu propósito vas ligero por la vida, nada te pesa e irradias felicidad. Tu estado diario es de completa paz y felicidad y toda persona que se acerque a ti lo nota. Les alegras el día a las personas que se cruzan en tu camino con una simple sonrisa. Estando en esta condición, te levantas cada día teniendo una razón para hacerlo y eso te lleva a permanecer en un estado de bienestar. Esto lo refleja muy bien el término *Ikigai* de la cultura japonesa. Te lo muestro en la siguiente imagen:

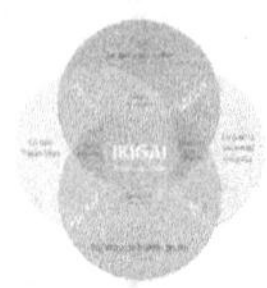

COACHING IKI-GAI | impro-teamleader-mrm

Cuando alcanzas tu propósito en la vida, todo lo demás se alinea a él. Estás en un estado de dicha, eres un ser que permanece en su esencia, eso hace que atraigas hacia ti prosperidad y abundancia, además, las personas se acercarán a ti por esa bella energía que irradias.

Cuando alcances ese estado estarás en un nivel energético elevado, y atraerás hacia ti circunstancias de la misma índole. Si quieres profundizar más en los niveles energéticos, te recomiendo que leas el libro *Poder frente a la fuerza*, de David R. Hawkins. Este autor habla de que somos energía, vibramos y resonamos, por lo tanto, atraemos a la vida aquellas cosas que se encuentran en esa frecuencia en la que nos encontramos.

Otra rama que nos habla de alcanzar el propósito en nuestra vida es la logoterapia, este es un término acuñado por el autor y psiquiatra Víctor Frankl. La logoterapia determina que debemos encontrar motivos para vivir, sin ataduras al pasado.

Como decía Nietzsche: «Aquel que tiene un porqué para vivir, puede soportar casi cualquier cómo». Por eso, cuando sabes realmente cuál es tu propósito, no te importa el momento en el que te encuentras porque sabes que llegarás algún día.

Debes tener claro que no tienes que forzar tu vida para encontrar tu propósito, este aparecerá tarde o temprano, incluso de la manera más inusual. Cuando fuerzas cualquier situación, en vez de aceptar las cosas tal y como son, acabas alejándolo y podrías terminar tu vida sin poder alcanzarlo de tanto buscarlo.

Es algo que está predestinado que debes hacer desde que viniste a este mundo. El problema es que nos empeñamos en buscar resultados a corto plazo y eso hace que nos desviemos de nuestro camino de vida, nuestro propósito.

Dios te ha traído al mundo con un propósito claro y te será otorgado cuando dejes toda resistencia a un lado, cuando aceptes lo que hay en tu vida actualmente, tal y como es, de esa forma empezarás a fluir y comenzarán a aparecer nuevas circunstancias en tu vida que no te imaginabas que podían pasar.

En todo caso, debes rendirte a la vida y no perseguir objetivos, estos se te cumplirán solos, incluso tus más ansiados sueños.

Tienes un propósito individual, uno que ninguna otra persona puede hacer, ni tú puedes pretender alcanzar el de otra persona simplemente porque a él le pueden estar saliendo mejor las cosas y se le ve más feliz. Eso te llevará a la frustración, pues te estarás comparando y puede que tu propósito no tenga nada que ver con el suyo.

Te pongo un ejemplo, si tu propósito es el de compartir tu sabiduría y bondad llevando a cabo actos sin ánimo de lucro, tal vez creando una ONG para poder dar lo mejor de ti a mucha gente, o simplemente desarrollando tu máximo potencial y entregando tu alma a otras personas, entonces no puedes pretender alcanzar tu propósito siendo un empresario que se dedique a vender productos de alto valor.

Puede que llegues a ser un empresario, pues lo has marcado como tu objetivo y todo aquello en lo que crees acabas creándolo, pero si lo que haces no está alineado con lo que realmente has venido a hacer en este mundo, tarde o temprano eso hará mella en tus valores y eso te llevará a sufrir, aun teniendo aparentemente todo.

Sea cual sea el propósito que hayas venido a concretar y plasmar en este mundo, ten la seguridad que te ha sido otorgado desde el día en que naciste, tu propósito de vida es único e intransferible. Cuando lo descubras realmente, sin resistirte a él, alcanzarás el estado de dicha y bienestar.

36

Reseñas

"El día que me dijo que le gustaría que escribiera el prólogo de este libro cerré los ojos, tomé aire y pensé en el ahora, porque hablar de sentimientos es algo que me bloquea de entrada...

He tenido la gran suerte de estar presente en el camino recorrido por Brais, durante su aprendizaje y su evolución, y de haber obtenido todo lo que he aprendido de él. No me imagino estar escribiendo este texto si no hubiese visto en él que es posible vencer esas inseguridades, miedos, monstruos infantiles o como les queramos llamar.

Brais tiene el don de saber escuchar sin juzgar, eso permite que puedas gestionar con otra visión más tranquila y realista un estado de ánimo negativo o ideas preconcebidas equivocadas.

Desde la distancia o de forma cercana, siempre te regala su grandiosa sonrisa que te hace sentir cómodo mientras estás a su lado.

Una de las cosas que más podemos admirar en él y que a veces los más cercanos no entendemos es su capacidad de gestionar la mala acción de alguien justificándola y sacándole siempre un lado positivo.

Gracias Brais por ser todo corazón."

M.ª Isolina Costas

"Conozco a Brais desde hace trece años, y en todo este tiempo sólo tengo atributos buenos para él. Es más, si tuviese que definirlo en tres palabras posiblemente fuesen: bueno, curioso y disciplinado.

El primer adjetivo, bueno, es más que obvio. A Brais le gusta ayudar a la gente sin pedir nada a cambio, él es el significado perfecto de bondad. Desde que entró en mi vida, gracias a mi hermana, pude observar todos sus cambios, los cuales hicieron perfeccionar, matizar y dejar ver su bonita esencia.

El segundo adjetivo, curioso, es porque a Brais no se le queda nada en el tintero, vive la vida intensamente, con la idea de que nos arrepentimos más de aquello que «dejamos de hacer» que de lo que hacemos. Él se toma la vida con valentía, como si cada día fuese el último, la verdad es que se necesitan más personas como él en el mundo.

El tercer y último adjetivo, aunque habría muchos más, hace referencia a lo disciplinado que es, eso lo hace profesional. Se «desvive» por hacer lo que le gusta y que lo hace sentirse vivo, transmite una tremenda motivación tanto a sus clientes como a las personas que lo rodeamos, saca lo mejor de los demás y aporta mucha vitalidad.

Podría seguir compartiendo muchísimos datos más sobre su maravillosa personalidad, pero este escrito sería infinito. Sólo puedo decir gracias por ser vitamina y un ser de luz."

Lucía Carrera

"He de confesar que cuando Brais me propuso escribir una pequeña reseña en su libro, me dio miedo. Después, al rato, pensé, ¿cómo podría no aprovechar esta oportunidad para agradecerle?

Que los sueños se cumplen, lo tengo claro. Con tesón, esfuerzo y constancia todo se logra. Eso lo veo reflejado en Brais.

Como él bien dice, su misión en esta vida es ayudar y ser autor, aquí está su tercer libro y mi agradecimiento por ayudarme a crecer, por demostrarme que sí se puede y que el camino se hace al andar, que las metas se alcanzan y las piedras se saltan.

La vida me puso a Brais en el camino después de una dura prueba en la que tuve que sortear una piedra en el camino durante un proceso de recuperación.

Recuerdo cuando empecé a entrenar con él, no podía levantar la barra más pequeña, no tenía fuerza ni para sujetar la mancuerna y hoy, dieciséis meses después, levanto peso, he leído sus libros, me ducho en agua fría, medito y soy feliz.

Gracias por todo lo que me aportas, gracias por ser y estar.

Como le dije un día: «Me has cambiado la vida». Ahora se lo vuelvo a decir. Me quedo con una frase de él: «Más vale hecho que perfecto», y así vamos a seguir."

Chus Pereira

277

Agradecimiento al lector y cómo continuar

Gracias, querido lector, por haber llegado hasta aquí y haber finalizado este libro, dice mucho de tu compromiso, sólo un porcentaje muy bajo de la población acaba leyendo un libro completo. Ojalá lo hayas disfrutado tanto como he disfrutado yo escribiéndolo. De nuevo, gracias de corazón.

Para poder continuar con tu desarrollo personal y espiritual y con ello mejorar tu vida y ser más feliz, coloco a continuación enlaces donde me podrás encontrar.

Si quieres que me ponga directamente en contacto contigo, accede en siguiente enlace o QR y escribe la palabra mentoría:

https://t.me/Soytuentrenador

Si quieres estar al tanto de los seminarios y retiros que imparto, accede directamente a través de aquí:

https://braismarinho.com

279

Agradecimiento al lector y cómo continuar

Gracias, querido lector, por haber llegado hasta aquí y haber finalizado este libro, dice mucho de tu compromiso, sólo un porcentaje muy bajo de la población acaba leyendo un libro completo. Ojalá lo hayas disfrutado tanto como he disfrutado yo escribiéndolo. De nuevo, gracias de corazón.

Para poder continuar con tu desarrollo personal y espiritual y con ello mejorar tu vida y ser más feliz, coloco a continuación enlaces donde me podrás encontrar.

Si quieres que me ponga directamente en contacto contigo, accede en siguiente enlace o QR y escribe la palabra mentoría:

https://t.me/Soytuentrenador

Si quieres estar al tanto de los seminarios y retiros que imparto, accede directamente a través de aquí:

https://braismarinho.com